SU DOKU ADDICT

OVER 150 PUZZLES

Volume 3

				7		4	6	
5		1			3			
								9
			2				5	4
3				9				7
9	4				8			
4								
			4			1		6
	1	3		2				

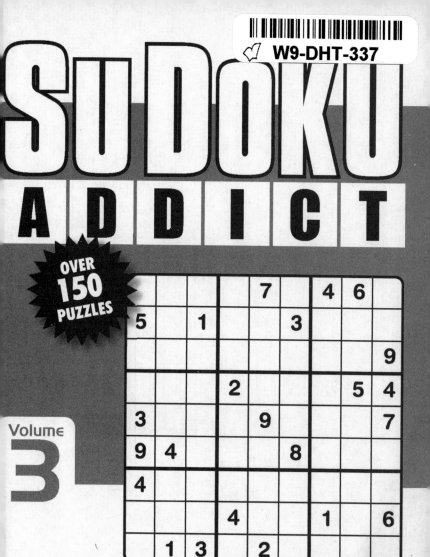

One Solution, Symmetrical Puzzles. Pure Su Doku.

SU DOKU ADDICT

Volume 3

Table of Contents

How to Play Su Doku

GOAL: Place the numbers 1 through 9 so that each number appears only once in each row, column, and 3x3 subgrid.

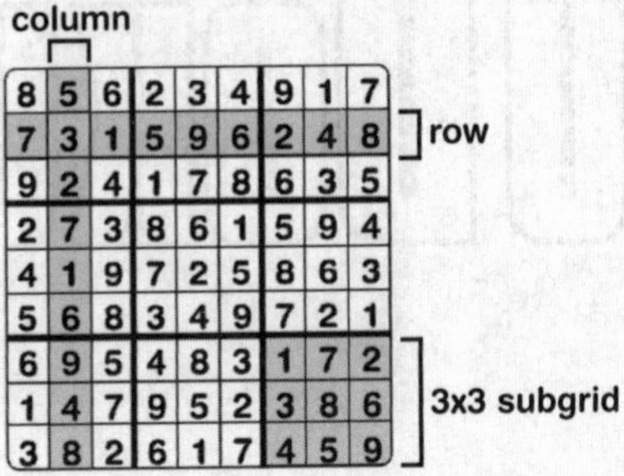

Each puzzle in this book gives you a few numbers to start with, and from these, you can figure out where each digit should go on the grid by using a process of elimination. No math is involved! You could play Su Doku with letters, shapes, or any set of nine distinct symbols.

As the puzzles get harder through the six levels of difficulty in this book, you will see fewer starting numbers, or more complex layouts that make you work harder to determine the correct number placements.

Quick tips on how to start:

- Look for columns, rows, or 3x3 subgrids that are almost full to start with. See if you can fill in the remaining numbers right away – that will help narrow down the possibilities for the other empty boxes quickly.

- Look for sets of numbers in the starting grid. If there are several 9s but only a couple of 3s and no 7s, then start with the 9s and see if you can place any of those before moving on and trying to figure out the 3s; you'll be able to fill in the 7s later.

- Write the number possibilities outside each row or column, and try to fill them in one by one. This helps you see what's missing and keep track of the jumble of numbers. You can even try to write the possibilities inside the little squares – but write small, and use a pencil!

Example How-To:

1. Look at the middle column of 3x3 subgrids (shaded). The top subgrid has a 5 in column 2; the middle subgrid has a 5 in column 1.

2. From these numbers already in place, you can determine that there must be a 5 in column 3 (because there's already one each in column 1 and column 2), and it must be in the bottom 3x3 subgrid (because there's already one in each of the top and middle subgrids).

3. There are two boxes in column 3 of the bottom 3x3 subgrid that do not have numbers, but the lower of the two can't have a 5 – look to the left, and you'll see a 5 already in place for that row. Since there's only one possibility left in the bottom subgrid, that box ("A") must be where the 5 belongs.

4. Now that you've placed that 5, you can look at the bottom row of 3x3 subgrids to figure out where the 5 should go in the bottom right subgrid. Use the same steps, looking across rows and columns, to determine which box ("B") should contain the 5.

2		8						
							5	
				5				
			5					
						5		
					A			
	5							
					3	2	4	**B**

Your speed will increase as you move from level to level, and find your own techniques to solve these puzzles. And remember, each one has only a single correct answer! The solution to each Su Doku appears two puzzle pages later.

Now you can get started with some easy puzzles, and work your way through all six levels to become a Master of the art of Su Doku.

Example How-To:

2.

easy

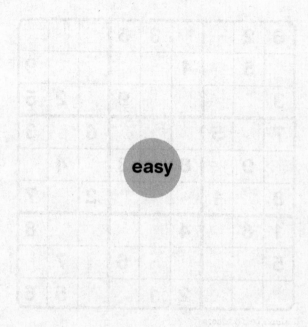

6	2			3	5			
	5		1					9
3					9		2	5
7		5				6		3
	9		8		3		4	
8		1				2		7
1	6		4					8
5					6		7	
			2	1			5	6

PUZZLE # 0010-02030029

●○○○○○

easy

4	2	3	5	6	8	9	7	1
8	7	9	1	3	4	2	5	6
5	1	6	9	2	7	4	8	3
3	9	8	2	5	1	7	6	4
6	4	1	8	7	9	3	2	5
7	5	2	3	4	6	1	9	8
9	3	5	4	8	2	6	1	7
1	8	7	6	9	3	5	4	2
2	6	4	7	1	5	8	3	9

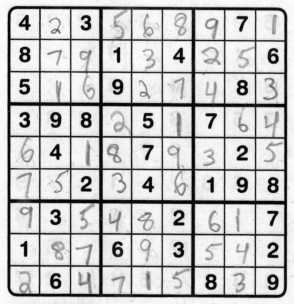

PUZZLE # 0010-02030030

easy

6	9			8		2	3	5
	1				9			
8			4		5			
7	5		3			4	8	
			9	7	8			
	6	8			1		7	9
			7		3			4
			2				6	
4	3	1		5			2	7

PUZZLE # 0010-02030031

●○○○○○

easy

6	2	9	7	3	5	8	1	4
4	5	7	1	8	2	3	6	9
3	1	8	6	4	9	7	2	5
7	4	5	9	2	1	6	8	3
2	9	6	8	7	3	5	4	1
8	3	1	5	6	4	2	9	7
1	6	2	4	5	7	9	3	8
5	8	4	3	9	6	1	7	2
9	7	3	2	1	8	4	5	6

PUZZLE # 0010-02030029

3		5	7					
	9	7		8		4	5	
		4		2	5	8	3	
8	5				7			
	3			9			8	
			2				1	9
	2	1	8	6		3		
	6	3		5		9	4	
					9	1		6

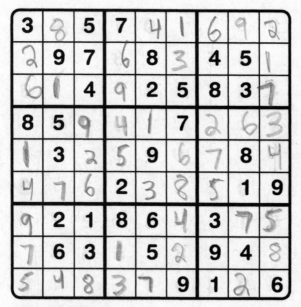

PUZZLE # 0010-02030032

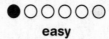

●○○○○○

easy

4	2	3	5	6	8	9	7	1
8	7	9	1	3	4	2	5	6
5	1	6	9	2	7	4	8	3
3	9	8	2	5	1	7	6	4
6	4	1	8	7	9	3	2	5
7	5	2	3	4	6	1	9	8
9	3	5	4	8	2	6	1	7
1	8	7	6	9	3	5	4	2
2	6	4	7	1	5	8	3	9

PUZZLE # 0010-02030030

2				9	1	4	5	
	4	5	7		3			
	6	7		4			1	3
8					9		6	
				2				
	9		5					2
6	1			5		2	7	
			8		6	3	4	
	3	4	9	1				5

PUZZLE # 0010-02030033

easy

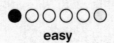

6	9	4	1	8	7	2	3	5
3	1	5	6	2	9	7	4	8
8	7	2	4	3	5	1	9	6
7	5	9	3	6	2	4	8	1
1	4	3	9	7	8	6	5	2
2	6	8	5	4	1	3	7	9
5	2	6	7	9	3	8	1	4
9	8	7	2	1	4	5	6	3
4	3	1	8	5	6	9	2	7

PUZZLE # 0010-02030031

		2	4			1		6
			6	8	2			7
	4		9			3		
2		5		9		7		
1				7				3
		7		2		8		9
		3			5		4	
5			8	3	1			
7		6			9	5		

PUZZLE # 0010-02030034

●○○○○○

easy

3	8	5	7	4	1	6	9	2
2	9	7	6	8	3	4	5	1
6	1	4	9	2	5	8	3	7
8	5	9	4	1	7	2	6	3
1	3	2	5	9	6	7	8	4
4	7	6	2	3	8	5	1	9
9	2	1	8	6	4	3	7	5
7	6	3	1	5	2	9	4	8
5	4	8	3	7	9	1	2	6

PUZZLE # 0010-02030032

	1	8						6
			1	5	4	3	9	
9	4			7				2
4	7	6	9					5
				1				
1					3	8	2	7
7				4			8	9
	5	4	2	3	9			
6						4	5	

PUZZLE # 0010-02030035

easy

2	8	3	6	9	1	4	5	7
1	4	5	7	8	3	9	2	6
9	6	7	2	4	5	8	1	3
8	7	2	1	3	9	5	6	4
3	5	6	4	2	7	1	9	8
4	9	1	5	6	8	7	3	2
6	1	8	3	5	4	2	7	9
5	2	9	8	7	6	3	4	1
7	3	4	9	1	2	6	8	5

PUZZLE # 0010-02030033

2	9	7	4	6	8	1	5	3
8	1	5	3	9	7	6	4	2
4	6	3	1	5	2	8	9	7
1	3	2	7	4	9	5	6	8
5	8	4	6	3	1	2	7	9
6	7	9	8	2	5	4	3	1
3	5	8	9	1	4	7	2	6
9	4	1	2	7	6	3	8	5
7	2	6	5	8	3	9	1	4

PUZZLE # 0010-02030036

●○○○○○
easy

9	7	2	4	5	3	1	8	6
3	5	1	6	8	2	4	9	7
6	4	8	9	1	7	3	2	5
2	6	5	3	9	8	7	1	4
1	8	9	5	7	4	2	6	3
4	3	7	1	2	6	8	5	9
8	2	3	7	6	5	9	4	1
5	9	4	8	3	1	6	7	2
7	1	6	2	4	9	5	3	8

PUZZLE # 0010-02030034

8					1	9	5	
	1	2	8	9				3
	6		4	3	2			
	3	7			9			
				7				
			3			4	8	
			9	2	8		3	
1				4	3	2	7	
	2	4	6					5

PUZZLE # 0010-02030037

easy

5	1	8	3	9	2	7	4	6
2	6	7	1	5	4	3	9	8
9	4	3	8	7	6	5	1	2
4	7	6	9	2	8	1	3	5
3	8	2	5	1	7	9	6	4
1	9	5	4	6	3	8	2	7
7	3	1	6	4	5	2	8	9
8	5	4	2	3	9	6	7	1
6	2	9	7	8	1	4	5	3

PUZZLE # 0010-02030036

4	1	**7**	**9**	**6**	8	**3**	2	5
3	2	**5**	1	**7**	**4**	**8**	**6**	9
6	8	**9**	5	3	2	4	**1**	7
5	**4**	**2**	**8**	1	**6**	9	7	3
9	7	6	4	**5**	3	1	8	**2**
8	3	1	**2**	9	**7**	**6**	**5**	4
1	**6**	3	7	4	5	**2**	9	8
2	**5**	**4**	**6**	**8**	9	**7**	3	**1**
7	9	**8**	3	**2**	**1**	**5**	4	6

PUZZLE # 0010-02030038

easy

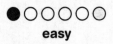

2	9	7	4	6	8	1	5	3
8	1	5	3	9	7	6	4	2
4	6	3	1	5	2	8	9	7
1	3	2	7	4	9	5	6	8
5	8	4	6	3	1	2	7	9
6	7	9	8	2	5	4	3	1
3	5	8	9	1	4	7	2	6
9	4	1	2	7	6	3	8	5
7	2	6	5	8	3	9	1	4

PUZZLE # 0010-02030036

7				5	6	3		
1	6			9			5	8
	4		2		1			6
						1	2	
		5		4		7		
	2	9						
2			7		3		9	
8	7			1			3	4
		1	8	2				7

PUZZLE # 0010-02030039

easy

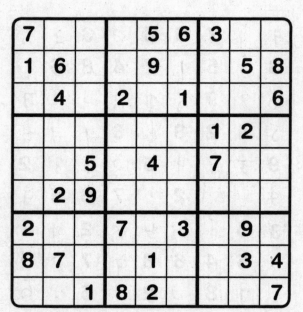

8	4	3	7	6	1	9	5	2
7	1	2	8	9	5	6	4	3
9	6	5	4	3	2	7	1	8
4	3	7	2	8	9	5	6	1
6	5	8	1	7	4	3	2	9
2	9	1	3	5	6	4	8	7
5	7	6	9	2	8	1	3	4
1	8	9	5	4	3	2	7	6
3	2	4	6	1	7	8	9	5

PUZZLE # 0010-02030037

5		9		3			2	
			7	6			5	
			5	1				3
4	1	7				3		6
	3	8		4		5	1	
6		2				7	4	9
3				9	6			
	8			7	1			
	9			5		6		8

PUZZLE # 0010-02030040

●○○○○○
easy

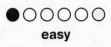

4	1	7	9	6	8	3	2	5
3	2	5	1	7	4	8	6	9
6	8	9	5	3	2	4	1	7
5	4	2	8	1	6	9	7	3
9	7	6	4	5	3	1	8	2
8	3	1	2	9	7	6	5	4
1	6	3	7	4	5	2	9	8
2	5	4	6	8	9	7	3	1
7	9	8	3	2	1	5	4	6

PUZZLE # 0010-02030038

	9						7	2
	4	5			2		6	1
			4	1	8	5		3
	2	3					1	
4				6				8
	7					9	2	
6		2	9	5	4			
7	5		8			6	4	
9	8						3	

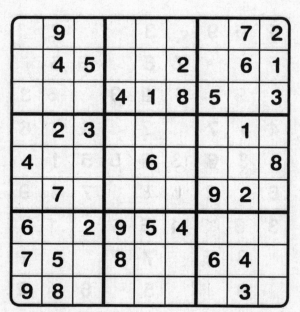

PUZZLE # 0010-02030041

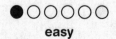

easy

7	9	8	4	5	6	3	1	2
1	6	2	3	9	7	4	5	8
5	4	3	2	8	1	9	7	6
4	8	7	6	3	5	1	2	9
6	1	5	9	4	2	7	8	3
3	2	9	1	7	8	6	4	5
2	5	4	7	6	3	8	9	1
8	7	6	5	1	9	2	3	4
9	3	1	8	2	4	5	6	7

PUZZLE # 0010-02030039

2	6							3
7			8	5		9		
	9			2	3		6	
				7	4	2		
		6	3	9	5	1		
		7	6	8				
	3		4	6			1	
		5		1	7			8
8							4	2

PUZZLE # 0010-02030042

●○○○○○

easy

5	6	9	4	3	8	1	2	7
1	2	3	7	6	9	8	5	4
8	7	4	5	1	2	9	6	3
4	1	7	9	2	5	3	8	6
9	3	8	6	4	7	5	1	2
6	5	2	1	8	3	7	4	9
3	4	5	8	9	6	2	7	1
2	8	6	3	7	1	4	9	5
7	9	1	2	5	4	6	3	8

PUZZLE # 0010-02030040

mild

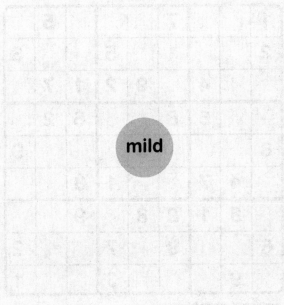

1			7				5	
2			1		5			3
		4		9	2	1	7	
		5	8			6	2	
8				3				9
	4	7			1	3		
	5	1	2	8		9		
6			9		7			2
	9				3			1

PUZZLE # 0020-02030041

●●○○○○
mild

1	9	8	6	3	5	4	7	2
3	4	5	7	9	2	8	6	1
2	6	7	4	1	8	5	9	3
8	2	3	5	4	9	7	1	6
4	1	9	2	6	7	3	5	8
5	7	6	3	8	1	9	2	4
6	3	2	9	5	4	1	8	7
7	5	1	8	2	3	6	4	9
9	8	4	1	7	6	2	3	5

PUZZLE # 0010-02030041

				8	9	6	1	
9	6	5				8		
2	8	1						
5		3			7	1		
		8		4		9		
		2	5			4		6
						2	6	7
		6				5	4	9
	2	4	6	9				

PUZZLE # 0020-02030042

●●○○○○

mild

2	6	8	9	4	1	5	7	3
7	1	3	8	5	6	9	2	4
5	9	4	7	2	3	8	6	1
3	8	9	1	7	4	2	5	6
4	2	6	3	9	5	1	8	7
1	5	7	6	8	2	4	3	9
9	3	2	4	6	8	7	1	5
6	4	5	2	1	7	3	9	8
8	7	1	5	3	9	6	4	2

PUZZLE # 0010-02030042

					9	1	2	
					3		5	4
4	9			1		3		
	5		9			6		8
			3	2	6			
7		3			8		9	
		5		4			1	9
9	8		2					
	7	6	8					

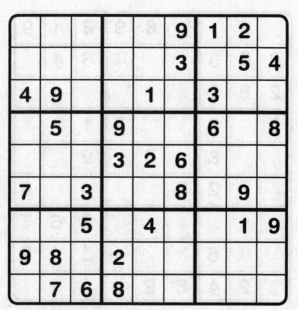

PUZZLE # 0020-02030043

●●○○○○

mild

1	3	9	7	4	8	2	5	6
2	7	8	1	6	5	4	9	3
5	6	4	3	9	2	1	7	8
3	1	5	8	7	9	6	2	4
8	2	6	5	3	4	7	1	9
9	4	7	6	2	1	3	8	5
4	5	1	2	8	6	9	3	7
6	8	3	9	1	7	5	4	2
7	9	2	4	5	3	8	6	1

PUZZLE # 0020-02030041

	3			4	1	2		9
7	5				8		4	
		1	5					
9					4	3	8	7
				7				
2	7	8	6					4
					9	8		
	8		3				2	5
5		4	2	8			7	

PUZZLE # 0020-02030044

●●○○○○

mild

4	3	7	2	8	9	6	1	5
9	6	5	4	7	1	8	3	2
2	8	1	3	5	6	7	9	4
5	4	3	9	6	7	1	2	8
6	7	8	1	4	2	9	5	3
1	9	2	5	3	8	4	7	6
3	5	9	8	1	4	2	6	7
8	1	6	7	2	3	5	4	9
7	2	4	6	9	5	3	8	1

PUZZLE # 0020-02030042

7		6	9			5	8	
8	4				5	9		
	9	1		3		2		
	1	8						
	5			8			7	
						6	2	
		9		1		7	5	
		5	6				9	1
	3	7			9	8		6

PUZZLE # 0020-02030045

●●○○○○
mild

5	3	8	4	6	9	1	2	7
6	1	2	7	8	3	9	5	4
4	9	7	5	1	2	3	8	6
2	5	1	9	7	4	6	3	8
8	4	9	3	2	6	5	7	1
7	6	3	1	5	8	4	9	2
3	2	5	6	4	7	8	1	9
9	8	4	2	3	1	7	6	5
1	7	6	8	9	5	2	4	3

PUZZLE # 0020-02030043

9	7		8				5	
6		5				4		
3						7	1	9
7		3		9	6			
		1		4		9		
			1	8		3		5
5	6	7						3
		9				8		4
	8				1		7	6

PUZZLE # 0020-02030046

●●○○○○

mild

8	3	6	7	4	1	2	5	9
7	5	2	9	3	8	1	4	6
4	9	1	5	6	2	7	3	8
9	6	5	1	2	4	3	8	7
1	4	3	8	7	5	6	9	2
2	7	8	6	9	3	5	1	4
3	2	7	4	5	9	8	6	1
6	8	9	3	1	7	4	2	5
5	1	4	2	8	6	9	7	3

PUZZLE # 0020-02030044

	7		4		9	8	2	
2					8	7		
	6	8	2					9
			8					3
	3		6	9	4		7	
8					1			
1					6	4	5	
		2	5					6
	5	4	1		2		9	

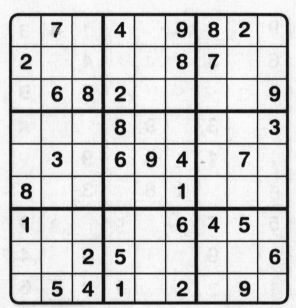

PUZZLE # 0020-02030047

●●○○○○

mild

7	2	6	9	4	1	5	8	3
8	4	3	2	6	5	9	1	7
5	9	1	8	3	7	2	6	4
6	1	8	7	9	2	4	3	5
3	5	2	4	8	6	1	7	9
9	7	4	1	5	3	6	2	8
4	6	9	3	1	8	7	5	2
2	8	5	6	7	4	3	9	1
1	3	7	5	2	9	8	4	6

PUZZLE # 0020-02030045

		5				1	4	3
				4				9
7	3		5					
								6
		9	4	8	2	3		
5								
					9		8	2
4				1				
6	5	2				7		

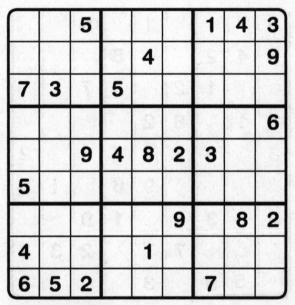

PUZZLE # 0020-02030048

●●○○○○

mild

9	7	4	8	1	3	6	5	2
6	1	5	2	7	9	4	3	8
3	2	8	6	5	4	7	1	9
7	4	3	5	9	6	2	8	1
8	5	1	3	4	2	9	6	7
2	9	6	1	8	7	3	4	5
5	6	7	4	2	8	1	9	3
1	3	9	7	6	5	8	2	4
4	8	2	9	3	1	5	7	6

PUZZLE # 0020-02030046

8				1		5		
5	4	2			8			
		1	2		3	7		
4	1		8	2				
3		5		4		8		2
				9	6		1	5
		3	5		1	9		
			7			2	3	8
		9		3				1

PUZZLE # 0020-02030049

●●○○○○

mild

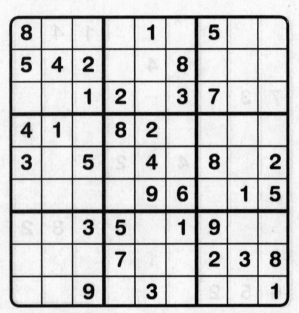

3	7	5	4	6	9	8	2	1
2	1	9	3	5	8	7	6	4
4	6	8	2	1	7	5	3	9
9	4	7	8	2	5	6	1	3
5	3	1	6	9	4	2	7	8
8	2	6	7	3	1	9	4	5
1	8	3	9	7	6	4	5	2
7	9	2	5	4	3	1	8	6
6	5	4	1	8	2	3	9	7

PUZZLE # 0020-0203004

2	9				1	4		
		3		4			2	
1		8		6				9
5		4			2	8		
			6	9	4			
		7	8			6		2
8				7		9		5
	7			2		3		
		9	5				1	7

PUZZLE # 0020-02030050

●●○○○○
mild

9	8	5	7	2	6	1	4	3
2	1	6	3	4	8	5	7	9
7	3	4	5	9	1	2	6	8
8	4	3	1	7	5	9	2	6
1	6	9	4	8	2	3	5	7
5	2	7	9	6	3	8	1	4
3	7	1	6	5	9	4	8	2
4	9	8	2	1	7	6	3	5
6	5	2	8	3	4	7	9	1

PUZZLE # 0020-02030048

					8		2	
2	7		3			5		6
6			4	7				
		3				2		
		5	8		3	6		
		9				1		
				4	7			9
8		2			9		4	5
	4		1					

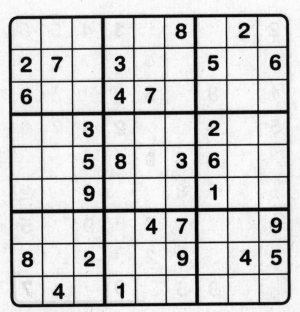

PUZZLE # 0020-02030051

●●○○○○
mild

8	3	7	9	1	4	5	2	6
5	4	2	6	7	8	1	9	3
9	6	1	2	5	3	7	8	4
4	1	6	8	2	5	3	7	9
3	9	5	1	4	7	8	6	2
2	7	8	3	9	6	4	1	5
6	2	3	5	8	1	9	4	7
1	5	4	7	6	9	2	3	8
7	8	9	4	3	2	6	5	1

PUZZLE # 0020-0203004

9			4		3		5	6
	8	3				7		
			1	9	8	4	3	
		4					7	9
			6	3	1			
5	3					1		
	9	7	3	2	4			
		5				9	1	
3	6		5		9			7

PUZZLE # 0020-02030052

●●○○○○
mild

2	9	6	3	5	1	4	7	8
7	5	3	9	4	8	1	2	6
1	4	8	2	6	7	5	3	9
5	6	4	7	1	2	8	9	3
3	8	2	6	9	4	7	5	1
9	1	7	8	3	5	6	4	2
8	2	1	4	7	3	9	6	5
6	7	5	1	2	9	3	8	4
4	3	9	5	8	6	2	1	7

PUZZLE # 0020-02030050

	6			5	1			
			8	9			6	
5	2					7		
4			5					7
	9		1	2	8		4	
2					4			3
		3					2	8
	1			3	2			
			7	8			5	

PUZZLE # 0020-02030053

●●○○○○
mild

3	9	1	5	6	8	4	2	7
2	7	4	3	9	1	5	8	6
6	5	8	4	7	2	9	3	1
1	6	3	9	5	4	2	7	8
7	2	5	8	1	3	6	9	4
4	8	9	7	2	6	1	5	3
5	3	6	2	4	7	8	1	9
8	1	2	6	3	9	7	4	5
9	4	7	1	8	5	3	6	2

PUZZLE # 0020-02030051

	1		5		2	8		4
								5
			4	8		3		9
9		7	3		6			
	5			4			8	
			7		8	1		6
4		9		7	5			
1								
7		8	9		4		2	

PUZZLE # 0020-02030054

●●○○○○
mild

9	2	1	4	7	3	8	5	6
4	8	3	2	6	5	7	9	1
7	5	6	1	9	8	4	3	2
6	1	4	8	5	2	3	7	9
8	7	9	6	3	1	5	2	4
5	3	2	9	4	7	1	6	8
1	9	7	3	2	4	6	8	5
2	4	5	7	8	6	9	1	3
3	6	8	5	1	9	2	4	7

PUZZLE # 0020-02030052

	3					6		8
8	9	4				3		
				3	9			5
	5		2	6				
1			7		5			9
				8	1		3	
3			1	2				
		7				4	2	3
9		2					7	

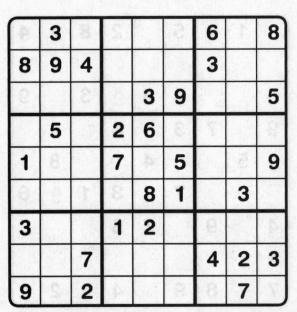

PUZZLE # 0020-02030055

●●○○○○

mild

7	6	9	2	5	1	8	3	4
1	3	4	8	9	7	5	6	2
5	2	8	3	4	6	7	1	9
4	8	1	5	6	3	2	9	7
3	9	7	1	2	8	6	4	5
2	5	6	9	7	4	1	8	3
9	7	3	6	1	5	4	2	8
8	1	5	4	3	2	9	7	6
6	4	2	7	8	9	3	5	1

PUZZLE # 0020-02030053

		6				7	2	8
		1	8		7		9	6
			2	6	9			
	3				6	9		
1				9				4
		2	4				5	
			5	8	4			
4	1		9		3	5		
5	2	9				4		

PUZZLE # 0020-02030056

●●○○○○

mild

3	1	6	5	9	2	8	7	4
8	9	4	6	3	7	2	1	5
5	7	2	4	8	1	3	6	9
9	8	7	3	1	6	4	5	2
6	5	1	2	4	9	7	8	3
2	4	3	7	5	8	1	9	6
4	2	9	1	7	5	6	3	8
1	6	5	8	2	3	9	4	7
7	3	8	9	6	4	5	2	1

PUZZLE # 0020-02030054

8	9		6	2		1		
								4
1					7		3	
9			3	5		4	2	
		4		6		5		
	2	5		7	9			6
	7		9					1
5								
		2		1	5		6	9

PUZZLE # 0020-02030057

●●○○○○

mild

7	3	5	4	1	2	6	9	8
8	9	4	5	7	6	3	1	2
6	2	1	8	3	9	7	4	5
4	5	9	2	6	3	1	8	7
1	8	3	7	4	5	2	6	9
2	7	6	9	8	1	5	3	4
3	4	8	1	2	7	9	5	6
5	1	7	6	9	8	4	2	3
9	6	2	3	5	4	8	7	1

PUZZLE # 0020-02030055

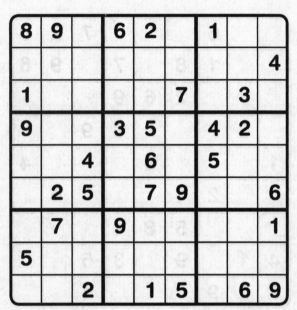

4				6		3		7
6	1	3					9	2
8				9		4		
					3		4	
		1		5		9		
	6		9					
		6		7				9
9	2					5	1	8
3		8		2				4

PUZZLE # 0020-02030058

●●○○○○

mild

9	4	6	3	1	5	7	2	8
2	5	1	8	4	7	3	9	6
3	8	7	2	6	9	1	4	5
8	3	4	1	5	6	9	7	2
1	6	5	7	9	2	8	3	4
7	9	2	4	3	8	6	5	1
6	7	3	5	8	4	2	1	9
4	1	8	9	2	3	5	6	7
5	2	9	6	7	1	4	8	3

PUZZLE # 0020-02030056

2					9	5		6
	4		3					1
5					1			7
6	2		4					
				9				
					6		2	3
7			2					9
8					7		4	
4		1	6					2

PUZZLE # 0020-02030059

●●○○○○
mild

8	9	3	6	2	4	1	7	5
2	5	7	1	9	3	6	8	4
1	4	6	5	8	7	9	3	2
9	6	1	3	5	8	4	2	7
7	8	4	2	6	1	5	9	3
3	2	5	4	7	9	8	1	6
6	7	8	9	4	2	3	5	1
5	1	9	7	3	6	2	4	8
4	3	2	8	1	5	7	6	9

PUZZLE # 0020-02030057

	6							
	3		5		1			
2			8			4		6
6		1						
4	2						1	5
						2		9
7		5			8			2
			1		9		8	
							3	

PUZZLE # 0020-02030060

●●○○○○
mild

4	9	2	8	6	1	3	5	7
6	1	3	7	4	5	8	9	2
8	7	5	3	9	2	4	6	1
2	8	9	6	1	3	7	4	5
7	3	1	2	5	4	9	8	6
5	6	4	9	8	7	1	2	3
1	4	6	5	7	8	2	3	9
9	2	7	4	3	6	5	1	8
3	5	8	1	2	9	6	7	4

PUZZLE # 0020-02030058

intermediate

9	5		7					2
					2			7
	2	6					3	
		4	2				7	
				8				
	1				9	8		
	7					4	1	
8			1					
4					6		2	9

PUZZLE # 0030-02030053

●●●○○○
intermediate

2	1	8	7	4	9	5	3	6
9	4	7	3	6	5	2	8	1
5	6	3	8	2	1	4	9	7
6	2	9	4	7	3	1	5	8
3	8	5	1	9	2	7	6	4
1	7	4	5	8	6	9	2	3
7	5	6	2	3	4	8	1	9
8	3	2	9	1	7	6	4	5
4	9	1	6	5	8	3	7	2

PUZZLE # 0020-02030059

2							5	
	4			6				
		8			5	7	3	
			3	7		1		8
				2				
9		6		5	4			
	9	5	2			4		
				3			7	
	1							9

PUZZLE # 0030-02030054

●●●○○○
intermediate

5	6	8	2	7	4	3	9	1
9	3	4	5	6	1	7	2	8
2	1	7	8	9	3	4	5	6
6	5	1	9	4	2	8	7	3
4	2	9	3	8	7	6	1	5
8	7	3	6	1	5	2	4	9
7	9	5	4	3	8	1	6	2
3	4	6	1	2	9	5	8	7
1	8	2	7	5	6	9	3	4

PUZZLE # 0020-02030060

		2			9		4	
		4		5				
	6			4			1	5
7		5						
			4	1	7			
						1		3
4	9			6			3	
				3		2		
	7		1			5		

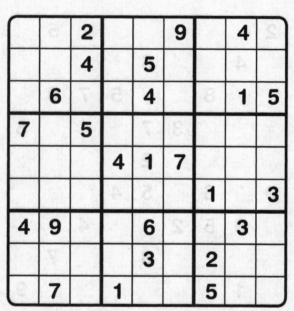

PUZZLE # 0030-02030055

●●●○○○

intermediate

9	5	3	7	4	1	6	8	2
1	4	8	6	3	2	5	9	7
7	2	6	5	9	8	1	3	4
3	8	4	2	1	5	9	7	6
5	6	9	3	8	7	2	4	1
2	1	7	4	6	9	8	5	3
6	7	5	9	2	3	4	1	8
8	9	2	1	7	4	3	6	5
4	3	1	8	5	6	7	2	9

PUZZLE # 0030-02030053

1		5						
		2		6	7			
					5		4	1
			3				9	5
8				4				2
5	2				8			
6	1		4					
			2	9		7		
						3		4

PUZZLE # 0030-02030056

●●●○○○

intermediate

2	7	9	8	1	3	6	5	4
5	4	3	7	6	2	8	9	1
1	6	8	4	9	5	7	3	2
4	5	2	3	7	9	1	6	8
7	3	1	6	2	8	9	4	5
9	8	6	1	5	4	3	2	7
6	9	5	2	8	7	4	1	3
8	2	4	9	3	1	5	7	6
3	1	7	5	4	6	2	8	9

PUZZLE # 0030-02030054

	2				6	8		
			9			7		
				1			5	2
	9	8	4					
	5			6			7	
					3	4	2	
9	6			7				
		4			2			
		7	3				6	

PUZZLE # 0030-02030057

●●●○○○

intermediate

1	5	2	8	7	9	3	4	6
9	3	4	6	5	1	7	8	2
8	6	7	2	4	3	9	1	5
7	1	5	3	8	6	4	2	9
3	2	9	4	1	7	6	5	8
6	4	8	9	2	5	1	7	3
4	9	1	5	6	2	8	3	7
5	8	6	7	3	4	2	9	1
2	7	3	1	9	8	5	6	4

PUZZLE # 0030-02030055

1						8		
			5		8	1	6	
				4		7		5
					6		4	1
				1				
2	3		4					
7		6		8				
	9	8	2		1			
		5						6

PUZZLE # 0030-02030058

●●●○○○

intermediate

1	8	5	9	3	4	6	2	7
9	4	2	1	6	7	5	3	8
7	3	6	8	2	5	9	4	1
4	6	1	3	7	2	8	9	5
8	7	3	5	4	9	1	6	2
5	2	9	6	1	8	4	7	3
6	1	7	4	8	3	2	5	9
3	5	4	2	9	1	7	8	6
2	9	8	7	5	6	3	1	4

PUZZLE # 0030-02030056

	8		7					
7		3		1				8
4					8			3
		9					4	
			2	6	3			
	5					7		
3			8					6
2				4		8		5
					5		1	

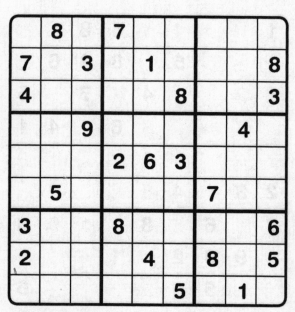

PUZZLE # 0030-02030059

●●●○○○

intermediate

7	2	1	5	3	6	8	4	9
6	4	5	9	2	8	7	1	3
8	3	9	7	1	4	6	5	2
2	9	8	4	5	7	1	3	6
4	5	3	2	6	1	9	7	8
1	7	6	8	9	3	4	2	5
9	6	2	1	7	5	3	8	4
3	1	4	6	8	2	5	9	7
5	8	7	3	4	9	2	6	1

PUZZLE # 0030-02030057

			1		3			
		6				3		
8	2				7	5		
	3			6			4	
7				2				8
	1			8			3	
		7	5				9	6
		9				4		
			9		2			

PUZZLE # 0030-02030060

●●●○○○
intermediate

1	5	4	6	9	7	8	2	3
9	7	2	5	3	8	1	6	4
8	6	3	1	4	2	7	9	5
5	8	9	7	2	6	3	4	1
6	4	7	8	1	3	9	5	2
2	3	1	4	5	9	6	7	8
7	2	6	3	8	5	4	1	9
4	9	8	2	6	1	5	3	7
3	1	5	9	7	4	2	8	6

PUZZLE # 0030-02030058

8		9	2					1
2	4							
3					5		7	
					1			
	5	4		7		1	8	
			6					
	3		8					4
							1	2
9					4	6		8

PUZZLE # 0030-02030061

●●●○○○
intermediate

5	8	1	7	3	2	9	6	4
7	9	3	4	1	6	2	5	8
4	2	6	5	9	8	1	7	3
8	3	9	1	5	7	6	4	2
1	7	4	2	6	3	5	8	9
6	5	2	9	8	4	7	3	1
3	1	5	8	7	9	4	2	6
2	6	7	3	4	1	8	9	5
9	4	8	6	2	5	3	1	7

PUZZLE # 0030-02030059

			6	7				8
					3	1	6	
2								9
		3	7					
	7	5		4		2	8	
					6	9		
5								3
	8	9	1					
7				9	2			

PUZZLE # 0030-02030062

●●●○○○
intermediate

5	7	4	1	9	3	6	8	2
1	9	6	2	5	8	3	7	4
8	2	3	6	4	7	5	1	9
9	3	8	7	6	5	2	4	1
7	4	5	3	2	1	9	6	8
6	1	2	4	8	9	7	3	5
2	8	7	5	3	4	1	9	6
3	5	9	8	1	6	4	2	7
4	6	1	9	7	2	8	5	3

PUZZLE # 0030-02030060

1	8				7			
	3	6				2		
	5		1					
		2		8				6
		7				5		
6				9		7		
					3		2	
		5				9	7	
			6				4	3

PUZZLE # 0030-02030063

●●●○○○
intermediate

8	7	9	2	6	3	5	4	1
2	4	5	7	1	9	8	3	6
3	1	6	4	8	5	2	7	9
7	8	2	3	4	1	9	6	5
6	5	4	9	7	2	1	8	3
1	9	3	6	5	8	4	2	7
5	3	1	8	2	6	7	9	4
4	6	8	5	9	7	3	1	2
9	2	7	1	3	4	6	5	8

PUZZLE # 0030-02030061

1					8			
2						5		3
3	6			4				
		7	2			8		
		3		7		9		
		6			5	3		
				1			5	6
8		9						7
			4					9

PUZZLE # 0030-02030064

●●●○○○
intermediate

3	9	1	6	7	4	5	2	8
8	5	7	9	2	3	1	6	4
2	6	4	8	1	5	3	7	9
6	2	3	7	8	9	4	1	5
9	7	5	3	4	1	2	8	6
1	4	8	2	5	6	9	3	7
5	1	2	4	6	8	7	9	3
4	8	9	1	3	7	6	5	2
7	3	6	5	9	2	8	4	1

PUZZLE # 0030-02030062

3				5			1	
						8		7
		4						2
	8		4					9
4			1	6	2			5
6					3		7	
9						2		
5		8						
	3			9				6

PUZZLE # 0030-02030065

●●●○○○
intermediate

1	8	4	2	6	7	3	5	9
7	3	6	4	5	9	2	1	8
2	5	9	1	3	8	4	6	7
5	9	2	7	8	4	1	3	6
8	1	7	3	2	6	5	9	4
6	4	3	5	9	1	7	8	2
4	7	8	9	1	3	6	2	5
3	6	5	8	4	2	9	7	1
9	2	1	6	7	5	8	4	3

PUZZLE # 0030-02030063

8				9				
6					8	7	3	
					7		1	
2			7				4	
	3			1			2	
	4				3			9
	2		8					
	7	6	9					1
				2				5

PUZZLE # 0030-02030066

●●●○○○

intermediate

1	7	4	3	5	8	6	9	2
2	9	8	7	6	1	5	4	3
3	6	5	9	4	2	7	1	8
4	1	7	2	9	3	8	6	5
5	8	3	6	7	4	9	2	1
9	2	6	1	8	5	3	7	4
7	3	2	8	1	9	4	5	6
8	4	9	5	2	6	1	3	7
6	5	1	4	3	7	2	8	9

PUZZLE # 0030-02030064

							2	1
6		5			4			
	1				2	8		
					1			3
	7		2	9	3		5	
1			6					
		4	9				8	
			7			2		6
5	6							

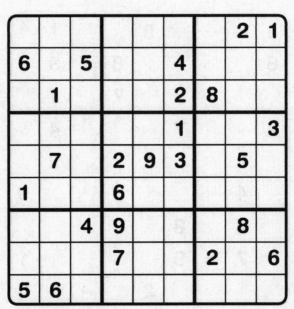

PUZZLE # 0030-02030067

●●●○○○

intermediate

3	6	7	2	5	8	9	1	4
2	5	1	3	4	9	8	6	7
8	9	4	7	1	6	5	3	2
1	8	3	4	7	5	6	2	9
4	7	9	1	6	2	3	8	5
6	2	5	9	8	3	4	7	1
9	1	6	5	3	7	2	4	8
5	4	8	6	2	1	7	9	3
7	3	2	8	9	4	1	5	6

PUZZLE # 0030-02030065

		2					1	4
			4				7	
			5	9	6			
		4	8		3	7	5	
				5				
5	7	8	9		4	1		
			6	4	1			
	9							
6	2					3		

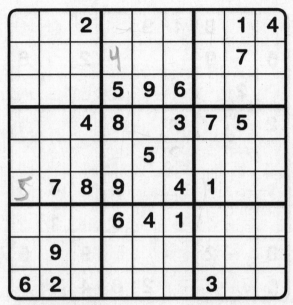

PUZZLE # 0030-02030068

●●●○○○

intermediate

8	1	7	3	9	2	5	6	4
6	9	4	1	5	8	7	3	2
3	5	2	6	4	7	9	1	8
2	6	5	7	8	9	1	4	3
9	3	8	5	1	4	6	2	7
7	4	1	2	6	3	8	5	9
5	2	3	8	7	1	4	9	6
4	7	6	9	3	5	2	8	1
1	8	9	4	2	6	3	7	5

PUZZLE # 0030-02030066

		8	4	9				
5		9				2		6
	2		7					
2	6		5					
				3				
					7		8	3
					6		1	
3		2				9		5
				2	8	4		

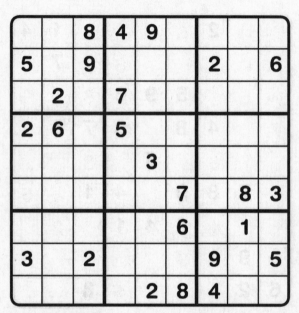

PUZZLE # 0030-02030069

●●●○○○
intermediate

7	4	8	3	6	9	5	2	1
6	2	5	1	8	4	9	3	7
3	1	9	5	7	2	8	6	4
9	5	2	8	4	1	6	7	3
4	7	6	2	9	3	1	5	8
1	8	3	6	5	7	4	9	2
2	3	4	9	1	6	7	8	5
8	9	1	7	3	5	2	4	6
5	6	7	4	2	8	3	1	9

PUZZLE # 0030-02030067

		4	6					
					8	7		
	5			4	7	6		
7					9		1	
		6		5		3		
	9		8					5
		1	5	7			2	
		8	3					
					4	5		

PUZZLE # 0030-02030070

●●●○○○
intermediate

9	5	2	3	7	8	6	1	4
8	3	6	4	1	2	9	7	5
1	4	7	5	9	6	2	8	3
2	1	4	8	6	3	7	5	9
3	6	9	1	5	7	4	2	8
5	7	8	9	2	4	1	3	6
7	8	3	6	4	1	5	9	2
4	9	1	2	3	5	8	6	7
6	2	5	7	8	9	3	4	1

PUZZLE # 0030-02030068

		2						6
7			1	5	9			
		1						
			6				3	
	4	9				8	2	
	5				1			
						2		
			2	7	6			9
3						7		

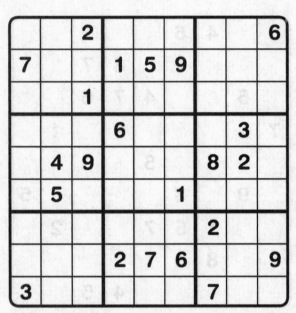

PUZZLE # 0030-02030071

●●●○○○
intermediate

6	3	8	4	9	2	7	5	1
5	7	9	8	1	3	2	4	6
4	2	1	7	6	5	3	9	8
2	6	3	5	8	9	1	7	4
8	4	7	6	3	1	5	2	9
9	1	5	2	4	7	6	8	3
7	9	4	3	5	6	8	1	2
3	8	2	1	7	4	9	6	5
1	5	6	9	2	8	4	3	7

PUZZLE # 0030-0203006

7				5			9	
	6		2					
	4		8				3	
		6				7		
	5	4		8		1	2	
		2				4		
	8				5		7	
					9		6	
	3			7				1

PUZZLE # 0030-02030072

●●●○○○

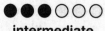

intermediate

8	7	4	6	1	5	2	3	9
6	1	9	2	3	8	7	5	4
2	5	3	9	4	7	6	8	1
7	3	5	4	2	9	8	1	6
4	8	6	7	5	1	3	9	2
1	9	2	8	6	3	4	7	5
3	4	1	5	7	6	9	2	8
5	6	8	3	9	2	1	4	7
9	2	7	1	8	4	5	6	3

PUZZLE # 0030-02030070

				2				
			3			6	4	
2	5					9	8	
				4	9	8		7
				5				
5		6	7	3				
	9	1					6	5
	8	7			6			
				7				

PUZZLE #: 0030-02030073

●●●○○○

intermediate

5	9	2	4	8	3	1	7	6
7	3	6	1	5	9	4	8	2
4	8	1	7	6	2	5	9	3
1	7	8	6	2	4	9	3	5
6	4	9	5	3	7	8	2	1
2	5	3	8	9	1	6	4	7
9	6	7	3	4	5	2	1	8
8	1	4	2	7	6	3	5	9
3	2	5	9	1	8	7	6	4

PUZZLE # 0030-02030071

			8	2	4			
	1					3		
	4					8		9
	8				7			6
	6			9			1	
3			4				2	
9		1					8	
		5					3	
			7	6	3			

PUZZLE # 0030-02030074

●●●○○○

intermediate

7	2	8	1	5	3	6	9	4
5	6	3	2	9	4	8	1	7
9	4	1	8	6	7	2	3	5
1	9	6	5	4	2	7	8	3
3	5	4	7	8	6	1	2	9
8	7	2	9	3	1	4	5	6
6	8	9	4	1	5	3	7	2
4	1	7	3	2	9	5	6	8
2	3	5	6	7	8	9	4	1

PUZZLE # 0030-02030072

	8					9		
1		6				5		
			2				3	
7	1		9					6
				6				
6					1		2	5
	9				7			
		5				3		8
		8					1	

PUZZLE # 0030-02030075

●●●○○○

intermediate

9	6	4	8	2	1	5	7	3
7	1	8	3	9	5	6	4	2
2	5	3	4	6	7	9	8	1
1	3	2	6	4	9	8	5	7
8	7	9	1	5	2	4	3	6
5	4	6	7	3	8	1	2	9
4	9	1	2	8	3	7	6	5
3	8	7	5	1	6	2	9	4
6	2	5	9	7	4	3	1	8

PUZZLE # 0030-02030073

	3		9		7	5		
					2	4		
5				1		8		
				6			4	
		3				2		
	9			7				
		6		4				3
		2	6					
		8	5		9		1	

PUZZLE # 0030-02030076

●●●○○○

intermediate

7	9	3	8	2	4	1	6	5
5	1	8	6	7	9	3	4	2
2	4	6	1	3	5	8	7	9
1	8	2	3	5	7	4	9	6
4	6	7	2	9	8	5	1	3
3	5	9	4	1	6	7	2	8
9	3	1	5	4	2	6	8	7
6	7	5	9	8	1	2	3	4
8	2	4	7	6	3	9	5	1

PUZZLE # 0030-02030074

				5			3	8
	5	4			8			
	1			7	2			
1							4	9
				9				
8	6							2
			1	3			7	
			7			8	6	
5	9			6				

PUZZLE # 0030-02030077

●●●○○○

intermediate

5	8	3	1	7	4	9	6	2
1	2	6	3	9	8	5	4	7
9	4	7	2	5	6	8	3	1
7	1	2	9	3	5	4	8	6
8	5	4	7	6	2	1	9	3
6	3	9	8	4	1	7	2	5
3	9	1	6	8	7	2	5	4
2	6	5	4	1	9	3	7	8
4	7	8	5	2	3	6	1	9

PUZZLE # 0030-02030075

			9		5		6	7
		7	4					
	2							
7		1					9	
	4		2	6	1		3	
	3					1		8
							5	
					9	4		
9	6		8		3			

PUZZLE # 0030-02030078

●●●○○○

intermediate

4	3	1	9	8	7	5	6	2
8	6	7	3	5	2	4	9	1
5	2	9	4	1	6	8	3	7
7	8	5	2	6	3	1	4	9
6	1	3	8	9	4	2	7	5
2	9	4	1	7	5	3	8	6
1	5	6	7	4	8	9	2	3
9	4	2	6	3	1	7	5	8
3	7	8	5	2	9	6	1	4

PUZZLE # 0030-02030076

challenging

7	4	2	3	9				
					5		3	
			4					6
		4				8		
3				6				7
		1				2		
9					3			
	8		6					
				4	9	3	5	1

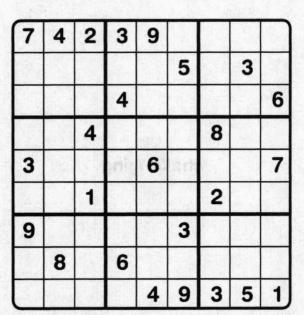

PUZZLE # 0040-02030057

●●●●○○
challenging

9	7	2	4	5	6	1	3	8
6	5	4	3	1	8	2	9	7
3	1	8	9	7	2	4	5	6
1	2	3	6	8	7	5	4	9
7	4	5	2	9	1	6	8	3
8	6	9	5	4	3	7	1	2
2	8	6	1	3	5	9	7	4
4	3	1	7	2	9	8	6	5
5	9	7	8	6	4	3	2	1

PUZZLE # 0030-02030077

8					2	1	7	
7		9						8
		3						
	2			9				
	7		6	1	5		9	
				8			1	
						9		
3						6		7
	9	5	4					3

PUZZLE # 0040-02030058

●●●●○○

challenging

4	1	3	9	2	5	8	6	7
6	9	7	4	1	8	5	2	3
5	2	8	7	3	6	9	1	4
7	5	1	3	8	4	6	9	2
8	4	9	2	6	1	7	3	5
2	3	6	5	9	7	1	4	8
1	8	4	6	7	2	3	5	9
3	7	2	1	5	9	4	8	6
9	6	5	8	4	3	2	7	1

PUZZLE # 0030-02030078

				8			7	
			2		9			
6	2	5						
		6					4	8
		9	8	2	3	5		
1	5					9		
						4	1	6
			3		4			
	7			9				

PUZZLE # 0040-02030059

●●●●○○

challenging

7	4	2	3	9	6	5	1	8
1	9	6	7	8	5	4	3	2
5	3	8	4	1	2	9	7	6
6	5	4	1	2	7	8	9	3
3	2	9	5	6	8	1	4	7
8	7	1	9	3	4	2	6	5
9	1	5	2	7	3	6	8	4
4	8	3	6	5	1	7	2	9
2	6	7	8	4	9	3	5	1

PUZZLE # 0040-02030057

	5				4	2		
	6				8			5
1								
9			8		5			
		4		2		6		
			1		7			3
								7
2			9				1	
		3	7				5	

PUZZLE # 0040-02030060

●●●●○○

challenging

8	6	4	5	3	2	1	7	9
7	5	9	1	4	6	2	3	8
2	1	3	8	7	9	5	6	4
5	2	1	7	9	3	4	8	6
4	7	8	6	1	5	3	9	2
9	3	6	2	8	4	7	1	5
6	4	7	3	2	8	9	5	1
3	8	2	9	5	1	6	4	7
1	9	5	4	6	7	8	2	3

PUZZLE # 0040-02030058

	7					3		
5				1				
	9		8			7	6	
9		8			4			
				5				
			3			8		9
	8	6			5		4	
				7				1
		5					3	

PUZZLE # 0040-02030061

●●●●○○

challenging

3	9	4	1	8	5	6	7	2
8	1	7	2	6	9	3	5	4
6	2	5	4	3	7	1	8	9
2	3	6	9	5	1	7	4	8
7	4	9	8	2	3	5	6	1
1	5	8	7	4	6	9	2	3
9	8	3	5	7	2	4	1	6
5	6	2	3	1	4	8	9	7
4	7	1	6	9	8	2	3	5

PUZZLE # 0040-02030059

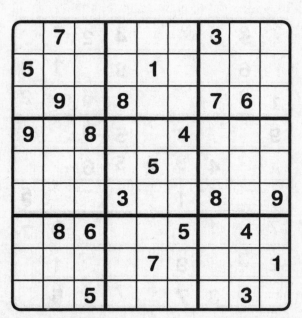

	2	5	4		3		7	
							1	
	8					6		2
8						9		
			9	4	5			
		4						5
7		1					8	
	3							
	6		3		7	1	9	

PUZZLE # 0040-02030062

●●●●○○
challenging

7	5	8	6	1	4	2	3	9
3	6	9	2	7	8	1	4	5
1	4	2	5	9	3	7	6	8
9	3	1	8	6	5	4	7	2
5	7	4	3	2	9	6	8	1
8	2	6	1	4	7	5	9	3
6	9	5	4	3	1	8	2	7
2	8	7	9	5	6	3	1	4
4	1	3	7	8	2	9	5	6

PUZZLE # 0040-02030060

			1		8			3
9			3	6				5
7	6							
		2				9		6
6		1				3		
							5	2
8				1	5			4
1			2		4			

PUZZLE # 0040-02030063

●●●●○○

challenging

8	7	4	5	9	6	3	1	2
5	6	3	2	1	7	4	9	8
1	9	2	8	4	3	7	6	5
9	5	8	7	6	4	1	2	3
3	2	1	9	5	8	6	7	4
6	4	7	3	2	1	8	5	9
2	8	6	1	3	5	9	4	7
4	3	9	6	7	2	5	8	1
7	1	5	4	8	9	2	3	6

PUZZLE # 0040-02030061

		2					6	4
	8		2					1
			9	1		7		
	9		7			2		
				8				
		7			1		8	
		5		3	2			
9					4		7	
1	3					8		

PUZZLE # 0040-02030064

●●●●○○

challenging

1	2	5	4	6	3	8	7	9
6	7	9	8	5	2	4	1	3
4	8	3	7	9	1	6	5	2
8	5	7	2	3	6	9	4	1
2	1	6	9	4	5	7	3	8
3	9	4	1	7	8	2	6	5
7	4	1	5	2	9	3	8	6
9	3	8	6	1	4	5	2	7
5	6	2	3	8	7	1	9	4

PUZZLE # 0040-02030062

		4	9			8	6	
			7				9	
		5		3				
			1			9		
7				5				4
		6			7			
				4		5		
	2				3			
	6	1			8	4		

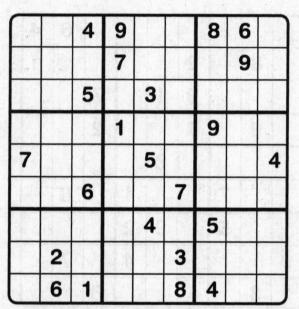

PUZZLE # 0040-02030065

●●●●○○
challenging

2	4	5	1	7	8	6	9	3
9	1	8	3	6	2	4	7	5
7	6	3	4	5	9	2	8	1
5	7	2	8	4	3	9	1	6
3	8	4	6	9	1	5	2	7
6	9	1	5	2	7	3	4	8
4	3	9	7	8	6	1	5	2
8	2	6	9	1	5	7	3	4
1	5	7	2	3	4	8	6	9

PUZZLE # 0040-02030063

2			4		8			
5	8					2		3
8		1		2		3		
	5			6			9	
		6		8		7		4
1		7					5	9
			3		6			1

PUZZLE # 0040-02030066

●●●●○○
challenging

5	1	2	3	7	8	9	6	4
7	8	9	2	4	6	5	3	1
6	4	3	9	1	5	7	2	8
4	9	8	7	6	3	2	1	5
2	6	1	5	8	9	3	4	7
3	5	7	4	2	1	6	8	9
8	7	5	1	3	2	4	9	6
9	2	6	8	5	4	1	7	3
1	3	4	6	9	7	8	5	2

PUZZLE # 0040-02030064

8	6				5	9		7
7					9	2		
5								
		4	3				6	
				6				
	5				1	3		
								3
		8	2					6
6		3	8				4	2

PUZZLE # 0040-02030067

●●●●○○

challenging

2	7	4	9	1	5	8	6	3
1	8	3	7	6	4	2	9	5
6	9	5	8	3	2	7	4	1
3	4	2	1	8	6	9	5	7
7	1	8	3	5	9	6	2	4
9	5	6	4	2	7	3	1	8
8	3	9	6	4	1	5	7	2
4	2	7	5	9	3	1	8	6
5	6	1	2	7	8	4	3	9

PUZZLE # 0040-02030065

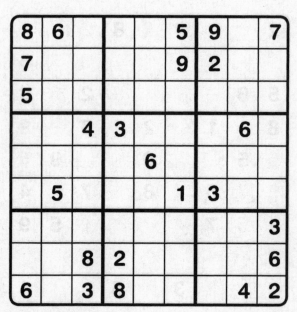

			9	6		2		
		7				9		8
9					3		6	
							9	3
6				2				5
1	7							
	5		4					2
3		1				5		
		2		1	8			

PUZZLE # 0040-02030068

●●●●○○

challenging

2	6	3	4	9	8	5	1	7
7	1	4	2	3	5	9	8	6
5	8	9	6	1	7	2	4	3
8	7	1	9	2	4	3	6	5
4	5	2	7	6	3	1	9	8
3	9	6	5	8	1	7	2	4
1	3	7	8	4	2	6	5	9
6	4	5	1	7	9	8	3	2
9	2	8	3	5	6	4	7	1

PUZZLE # 0040-02030066

5					6			
			3					2
9	6			1			3	
			1		5			
	9						6	
			2		7			
	5			4			9	7
1					2			
			8					1

PUZZLE # 0040-02030069

●●●●○○

challenging

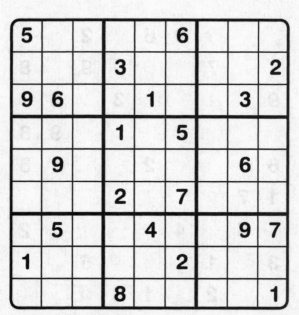

8	6	2	1	4	5	9	3	7
7	3	1	6	8	9	2	5	4
5	4	9	7	2	3	6	8	1
2	1	4	3	9	8	7	6	5
3	8	7	5	6	2	4	1	9
9	5	6	4	7	1	3	2	8
4	2	5	9	1	6	8	7	3
1	7	8	2	3	4	5	9	6
6	9	3	8	5	7	1	4	2

PUZZLE # 0040-02030067

		9			7	2		
			8	9				
		1					7	6
			6				2	4
				1				
3	2				5			
4	7					1		
				5	4			
		6	1			5		

PUZZLE # 0040-02030070

●●●●○○
challenging

8	3	4	9	6	7	2	5	1
2	6	7	1	5	4	9	3	8
9	1	5	2	8	3	4	6	7
5	2	8	7	4	6	1	9	3
6	4	9	3	2	1	7	8	5
1	7	3	8	9	5	6	2	4
7	5	6	4	3	9	8	1	2
3	8	1	6	7	2	5	4	9
4	9	2	5	1	8	3	7	6

PUZZLE # 0040-02030068

	2	7		5	6			
						2		
	9		8		7	5		
6	8							4
				4				
3							6	9
		1	4		3		7	
		8						
			5	7		3	1	

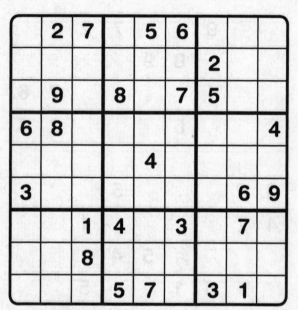

PUZZLE # 0040-02030071

●●●●○○
challenging

5	8	3	7	2	6	1	4	9
4	1	7	3	8	9	6	5	2
9	6	2	5	1	4	7	3	8
3	2	6	1	9	5	8	7	4
7	9	1	4	3	8	2	6	5
8	4	5	2	6	7	9	1	3
2	5	8	6	4	1	3	9	7
1	3	4	9	7	2	5	8	6
6	7	9	8	5	3	4	2	1

PUZZLE # 0040-02030069

4	5							
6					4			
		7		3			1	
		9	6	1		3		
	8			4			7	
		3		7	9	1		
	9			6		4		
			2					7
							6	9

PUZZLE # 0040-02030072

●●●●○○
challenging

5	3	9	4	6	7	2	8	1
7	6	2	8	9	1	4	3	5
8	4	1	5	2	3	9	7	6
1	5	7	6	3	9	8	2	4
6	9	4	2	1	8	3	5	7
3	2	8	7	4	5	6	1	9
4	7	5	3	8	6	1	9	2
2	1	3	9	5	4	7	6	8
9	8	6	1	7	2	5	4	3

PUZZLE # 0040-02030070

			7					6
	7					5	1	
	2			9				3
	9	3						2
			1		5			
5						8	3	
6				4			8	
	1	7					9	
2					8			

PUZZLE # 0040-02030073

●●●●○○

challenging

4	2	7	3	5	6	9	8	1
8	6	5	9	1	4	2	3	7
1	9	3	8	2	7	5	4	6
6	8	2	7	3	9	1	5	4
5	7	9	6	4	1	8	2	3
3	1	4	2	8	5	7	6	9
2	5	1	4	9	3	6	7	8
7	3	8	1	6	2	4	9	5
9	4	6	5	7	8	3	1	2

PUZZLE # 0040-0203007

				6	8			2
8			3			1		
6						9		
	9			2			6	
4				3				7
	1			4			9	
		6						4
		2			5			8
1			7	8				

PUZZLE # 0040-02030074

challenging

4	5	8	1	2	7	6	9	3
6	3	1	9	5	4	7	2	8
9	2	7	8	3	6	5	1	4
5	7	9	6	1	8	3	4	2
1	8	6	3	4	2	9	7	5
2	4	3	5	7	9	1	8	6
8	9	2	7	6	5	4	3	1
3	6	4	2	9	1	8	5	7
7	1	5	4	8	3	2	6	9

PUZZLE # 0040-02030072

		3						
		6		7		8		
	8						9	4
	2				8		5	
8				1				3
	7		4				2	
6	5						8	
		8		3		6		
						7		

PUZZLE # 0040-02030075

●●●●○○
challenging

3	4	8	7	5	1	9	2	6
9	7	6	4	2	3	5	1	8
1	2	5	8	9	6	7	4	3
7	9	3	6	8	4	1	5	2
4	8	2	1	3	5	6	7	9
5	6	1	2	7	9	8	3	4
6	3	9	5	4	7	2	8	1
8	1	7	3	6	2	4	9	5
2	5	4	9	1	8	3	6	7

PUZZLE # 0040-0203007

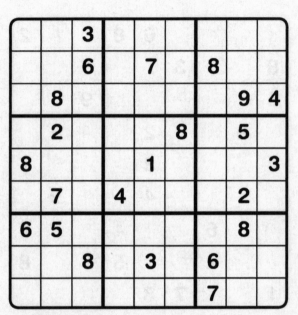

		9		1	8		7	
2					7			
8			5					
		4	6			3		
	7						4	
		1			5	8		
					3			9
			8					2
	2		4	5		6		

PUZZLE # 0040-02030076

●●●●○○
challenging

5	7	9	1	6	8	3	4	2
8	2	4	3	5	9	1	7	6
6	3	1	4	7	2	9	8	5
3	9	5	8	2	7	4	6	1
4	6	8	9	3	1	2	5	7
2	1	7	5	4	6	8	9	3
7	8	6	2	9	3	5	1	4
9	4	2	6	1	5	7	3	8
1	5	3	7	8	4	6	2	9

PUZZLE # 0040-02030074

	2				8			7
		6						
8		9			3			
						9	1	
5			2	7	9			3
	9	4						
			1			4		9
						8		
2			7				6	

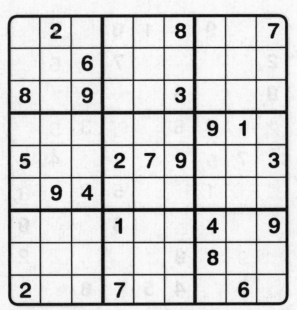

PUZZLE # 0040-02030077

●●●●○○

challenging

2	9	3	8	4	1	5	6	7
5	4	6	9	7	2	8	3	1
7	8	1	3	5	6	2	9	4
3	2	4	7	9	8	1	5	6
8	6	9	2	1	5	4	7	3
1	7	5	4	6	3	9	2	8
6	5	7	1	2	4	3	8	9
9	1	8	5	3	7	6	4	2
4	3	2	6	8	9	7	1	5

PUZZLE # 0040-020300

		2			9			
					7	5	6	
8			5			3		
9							5	
3		5				1		7
	1							8
		7			4			9
	9	1	3					
			8			7		

PUZZLE # 0040-02030078

●●●●○○
challenging

3	6	9	2	1	8	5	7	4
2	4	5	9	3	7	1	6	8
8	1	7	5	6	4	2	9	3
5	8	4	6	9	2	3	1	7
6	7	2	3	8	1	9	4	5
9	3	1	7	4	5	8	2	6
4	5	6	1	2	3	7	8	9
1	9	3	8	7	6	4	5	2
7	2	8	4	5	9	6	3	1

PUZZLE # 0040-02030076

7		9	6					
				7	2			
2							8	7
		8	9				3	
	3			4			6	
	9				5	1		
6	4							8
			7	8				
					1	3		5

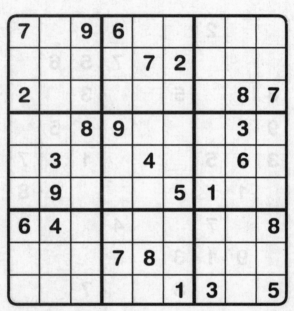

PUZZLE # 0040-02030079

●●●●○○
challenging

4	2	5	6	1	8	3	9	7
1	3	6	9	5	7	2	8	4
8	7	9	4	2	3	1	5	6
7	6	2	3	4	5	9	1	8
5	1	8	2	7	9	6	4	3
3	9	4	8	6	1	7	2	5
6	5	7	1	8	2	4	3	9
9	4	1	5	3	6	8	7	2
2	8	3	7	9	4	5	6	1

PUZZLE # 0040-020300

	6					4		
2			7			3		
1				2			7	
	9	3	1					
				7				
					4	9	8	
	2			6				9
		7			2			5
		5					2	

PUZZLE # 0040-02030080

●●●●○○
challenging

6	5	2	1	3	9	8	7	4
1	3	9	4	8	7	5	6	2
8	7	4	5	2	6	3	9	1
9	2	8	7	4	1	6	5	3
3	4	5	9	6	8	1	2	7
7	1	6	2	5	3	9	4	8
5	8	7	6	1	4	2	3	9
2	9	1	3	7	5	4	8	6
4	6	3	8	9	2	7	1	5

PUZZLE # 0040-02030078

		5	8				1	
6	2			5				
3	9						2	
			4		2			
		4		8		1		
			1		9			
	4						6	1
				7			3	8
	6				1	5		

PUZZLE # 0040-02030081

●●●●○○

challenging

7	5	9	6	1	8	2	4	3
8	6	4	3	7	2	9	5	1
2	1	3	5	9	4	6	8	7
1	7	8	9	2	6	5	3	4
5	3	2	1	4	7	8	6	9
4	9	6	8	3	5	1	7	2
6	4	1	2	5	3	7	9	8
3	2	5	7	8	9	4	1	6
9	8	7	4	6	1	3	2	5

PUZZLE # 0040-0203007

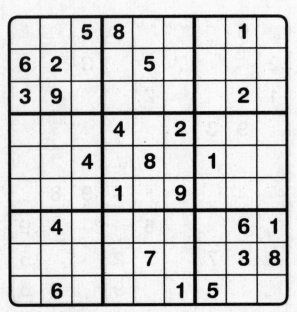

4	7		2					6
				9				
	2	1				3		
		4					3	
	6		4	7	1		2	
	8					1		
		5				7	4	
				8				
7					9		6	5

PUZZLE # 0040-02030082

●●●●○○
challenging

7	6	9	8	5	3	4	1	2
2	5	8	7	4	1	3	9	6
1	3	4	6	2	9	5	7	8
4	9	3	1	8	6	2	5	7
8	1	2	9	7	5	6	3	4
5	7	6	2	3	4	9	8	1
3	2	1	5	6	8	7	4	9
9	4	7	3	1	2	8	6	5
6	8	5	4	9	7	1	2	3

PUZZLE # 0040-02030080

						8		
8			7	1	2			6
					9		7	
		8				1	9	
4				2				5
	7	3				6		
	2		8					
1			6	5	3			7
		4						

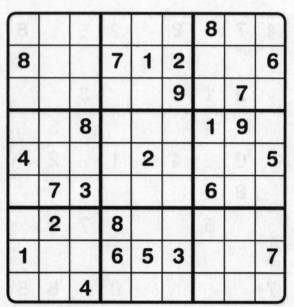

PUZZLE # 0040-02030083

●●●●○○
challenging

4	7	5	8	2	6	9	1	3
6	2	1	9	5	3	7	8	4
3	9	8	7	1	4	6	2	5
1	8	9	4	6	2	3	5	7
2	3	4	5	8	7	1	9	6
7	5	6	1	3	9	8	4	2
5	4	7	3	9	8	2	6	1
9	1	2	6	7	5	4	3	8
8	6	3	2	4	1	5	7	9

PUZZLE # 0040-0203008

					2	6		
			3			4		8
	5		9					
		3						5
		8	2	9	4	3		
2						1		
					3		8	
3		4			1			
		6	8					

PUZZLE # 0040-02030084

●●●●○○

challenging

4	7	9	2	1	3	5	8	6
3	5	8	6	9	7	4	1	2
6	2	1	8	5	4	3	7	9
9	1	4	5	2	8	6	3	7
5	6	3	4	7	1	9	2	8
2	8	7	9	3	6	1	5	4
8	9	5	3	6	2	7	4	1
1	4	6	7	8	5	2	9	3
7	3	2	1	4	9	8	6	5

PUZZLE # 0040-02030082

difficult

		8	2					
6			4				9	
			1	8			3	7
						5		9
	8						6	
1		7						
3	4			7	1			
	6				8			4
					9	2		

PUZZLE # 0050-02030065

●●●●●○
difficult

7	1	2	4	3	6	8	5	9
8	9	5	7	1	2	3	4	6
3	4	6	5	8	9	2	7	1
2	5	8	3	6	7	1	9	4
4	6	1	9	2	8	7	3	5
9	7	3	1	4	5	6	8	2
6	2	7	8	9	4	5	1	3
1	8	9	6	5	3	4	2	7
5	3	4	2	7	1	9	6	8

PUZZLE # 0040-02030083

		2	9		3			
	9		6	7				
						5		4
	8				9	3		2
				6				
1		5	2				4	
3		9						
				9	4		7	
			8		6	2		

PUZZLE # 0050-02030066

●●●●●○
difficult

8	3	9	4	7	2	6	5	1
6	7	2	3	1	5	4	9	8
4	5	1	9	8	6	2	3	7
9	4	3	1	6	7	8	2	5
5	1	8	2	9	4	3	7	6
2	6	7	5	3	8	1	4	9
1	9	5	6	2	3	7	8	4
3	8	4	7	5	1	9	6	2
7	2	6	8	4	9	5	1	3

PUZZLE # 0040-02030084

4				1		5		3
7							1	2
			8		2			
	3	5			7			
				9				
			4			6	3	
			6		3			
8	4							5
2		9		8				1

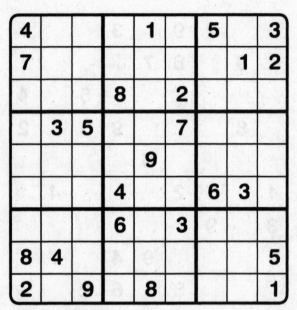

PUZZLE # 0050-02030067

●●●●●○

difficult

7	3	8	2	9	6	1	4	5
6	1	5	4	3	7	8	9	2
2	9	4	1	8	5	6	3	7
4	2	6	8	1	3	5	7	9
9	8	3	7	5	2	4	6	1
1	5	7	9	6	4	3	2	8
3	4	2	5	7	1	9	8	6
5	6	9	3	2	8	7	1	4
8	7	1	6	4	9	2	5	3

PUZZLE # 0050-0203006

2		7	9					8
			6		2			
		3		8				6
1	5							
	2			1			6	
							7	9
3				9		8		
			3		4			
6					1	7		4

PUZZLE # 0050-02030068

●●●●●○

difficult

8	5	2	9	4	3	1	6	7
4	9	1	6	7	5	8	2	3
7	3	6	1	8	2	5	9	4
6	8	4	7	5	9	3	1	2
9	2	3	4	6	1	7	5	8
1	7	5	2	3	8	9	4	6
3	6	9	5	2	7	4	8	1
2	1	8	3	9	4	6	7	5
5	4	7	8	1	6	2	3	9

PUZZLE # 0050-02030066

				6				9
9			1	5			3	
			2				7	5
		8			5			
	5			3			4	
			9			2		
5	6				1			
	1			8	4			7
4				2				

PUZZLE # 0050-02030069

●●●●●○

difficult

4	2	8	9	1	6	5	7	3
7	9	6	5	3	4	8	1	2
3	5	1	8	7	2	4	9	6
9	3	5	2	6	7	1	8	4
6	8	4	3	9	1	2	5	7
1	7	2	4	5	8	6	3	9
5	1	7	6	4	3	9	2	8
8	4	3	1	2	9	7	6	5
2	6	9	7	8	5	3	4	1

PUZZLE # 0050-02030067

		5	4		9			
		3						4
	9			1		3		
5	7				6	2		
				4				
		2	3				1	5
		8		5			7	
3						5		
			6		1	9		

PUZZLE # 0050-02030070

●●●●●○

difficult

2	6	7	9	4	5	3	1	8
5	8	1	6	3	2	9	4	7
9	4	3	1	8	7	2	5	6
1	5	9	7	6	3	4	8	2
7	2	8	4	1	9	5	6	3
4	3	6	2	5	8	1	7	9
3	7	4	5	9	6	8	2	1
8	1	2	3	7	4	6	9	5
6	9	5	8	2	1	7	3	4

PUZZLE # 0050-02030068

6					4	1	9	
9	5						8	
			1				6	
8					7			
		2		3		4		
			5					1
	6				1			
	9						1	7
	2	4	7					9

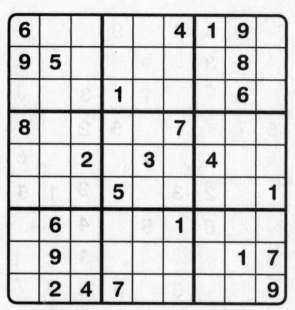

PUZZLE # 0050-02030071

●●●●●○

difficult

8	2	5	3	6	7	4	1	9
9	7	4	1	5	8	6	3	2
6	3	1	2	4	9	8	7	5
2	9	8	4	1	5	7	6	3
7	5	6	8	3	2	9	4	1
1	4	3	9	7	6	2	5	8
5	6	2	7	9	1	3	8	4
3	1	9	6	8	4	5	2	7
4	8	7	5	2	3	1	9	6

PUZZLE # 0050-02030069

7	4							
		9		6	4			
		2		9				3
6		7			1			
5				3				6
			4			9		1
3				2		4		
			3	8		1		
							3	7

PUZZLE # 0050-02030072

●●●●●○

difficult

7	8	5	4	3	9	6	2	1
1	2	3	5	6	7	8	9	4
4	9	6	8	1	2	3	5	7
5	7	4	1	9	6	2	3	8
8	3	1	2	4	5	7	6	9
9	6	2	3	7	8	4	1	5
6	4	8	9	5	3	1	7	2
3	1	9	7	2	4	5	8	6
2	5	7	6	8	1	9	4	3

PUZZLE # 0050-02030070

7		3			4			
				8				
	6			7		2	1	
					8			5
	7			3			6	
4			5					
	1	9		6			2	
				4				
			7			8		3

PUZZLE # 0050-02030073

●●●●●○

difficult

6	8	7	3	5	4	1	9	2
9	5	1	6	7	2	3	8	4
2	4	3	1	8	9	7	6	5
8	3	9	4	1	7	5	2	6
5	1	2	9	3	6	4	7	8
4	7	6	5	2	8	9	3	1
7	6	5	8	9	1	2	4	3
3	9	8	2	4	5	6	1	7
1	2	4	7	6	3	8	5	9

PUZZLE # 0050-02030071

		9					5	
	3					1	6	
				5	6			8
		6	5					
		4	7		2	8		
					8	7		
2			1	3				
	7	5					3	
	9					5		

PUZZLE # 0050-02030074

●●●●●○

difficult

7	4	6	2	1	3	5	9	8
8	3	9	5	6	4	7	1	2
1	5	2	7	9	8	6	4	3
6	9	7	8	5	1	3	2	4
5	1	4	9	3	2	8	7	6
2	8	3	4	7	6	9	5	1
3	7	1	6	2	9	4	8	5
4	2	5	3	8	7	1	6	9
9	6	8	1	4	5	2	3	7

PUZZLE # 0050-02030072

5				1	6	8		
		2			9			
		6		4				9
	6					3		1
				6				
3		9					8	
2				9		1		
			2			6		
		8	3	7				4

PUZZLE # 0050-02030075

●●●●●○

difficult

7	2	3	1	9	4	5	8	6
1	5	4	2	8	6	3	7	9
9	6	8	3	7	5	2	1	4
3	9	1	6	2	8	7	4	5
2	7	5	4	3	9	1	6	8
4	8	6	5	1	7	9	3	2
5	1	9	8	6	3	4	2	7
8	3	7	9	4	2	6	5	1
6	4	2	7	5	1	8	9	3

PUZZLE # 0050-02030073

	9			5			6	
							5	
8			1	9		3		
3			7					
		5		3		6		
					8			1
		2		6	1			7
	4							
	7			8			9	

PUZZLE # 0050-02030076

●●●●●○

difficult

8	6	9	4	1	3	2	5	7
5	3	2	9	8	7	1	6	4
4	1	7	2	5	6	3	9	8
7	8	6	5	4	1	9	2	3
3	5	4	7	9	2	8	1	6
9	2	1	3	6	8	7	4	5
2	4	8	1	3	5	6	7	9
6	7	5	8	2	9	4	3	1
1	9	3	6	7	4	5	8	2

PUZZLE # 0050-02030074

5		6				1		
				9			7	
9			8			4		
			3			8		1
	5			7			4	
1		2			5			
		8			7			5
	2			6				
		9				7		8

PUZZLE # 0050-02030077

●●●●●○

difficult

5	9	4	7	1	6	8	3	2
1	8	2	5	3	9	4	6	7
7	3	6	8	4	2	5	1	9
4	6	5	9	8	7	3	2	1
8	2	7	1	6	3	9	4	5
3	1	9	4	2	5	7	8	6
2	7	3	6	9	4	1	5	8
9	4	1	2	5	8	6	7	3
6	5	8	3	7	1	2	9	4

PUZZLE # 0050-02030075

	9	7						
		4	9		3			
8					1	4		2
				2			5	8
4	6			7				
9		3	8					1
			1		2	7		
						8	2	

PUZZLE # 0050-02030078

●●●●●○

difficult

4	9	7	8	5	3	1	6	2
1	2	3	6	7	4	8	5	9
8	5	6	1	9	2	3	7	4
3	8	4	7	1	6	9	2	5
7	1	5	2	3	9	6	4	8
2	6	9	5	4	8	7	3	1
5	3	2	9	6	1	4	8	7
9	4	8	3	2	7	5	1	6
6	7	1	4	8	5	2	9	3

PUZZLE # 0050-02030076

	5					8		9
8					5	1		
			9		6		2	
7		6						
			1		9			
						9		8
	1		6		8			
		2	7					6
3		8					4	

PUZZLE # 0050-02030079

●●●●●○
difficult

5	3	6	7	4	2	1	8	9
2	8	4	6	9	1	5	7	3
9	7	1	8	5	3	4	6	2
4	9	7	3	2	6	8	5	1
8	5	3	1	7	9	2	4	6
1	6	2	4	8	5	9	3	7
3	4	8	2	1	7	6	9	5
7	2	5	9	6	8	3	1	4
6	1	9	5	3	4	7	2	8

PUZZLE # 0050-02030077

	4		8	3				
							3	7
		5		7	1			
						7		6
9		1		4		8		2
5		2						
			4	6		5		
3	9							
				2	9		1	

PUZZLE # 0050-02030080

●●●●●○

difficult

1	9	7	2	4	6	3	8	5
2	5	4	9	8	3	1	6	7
8	3	6	7	5	1	4	9	2
7	1	9	3	2	4	6	5	8
3	8	5	6	1	9	2	7	4
4	6	2	5	7	8	9	1	3
9	2	3	8	6	7	5	4	1
5	4	8	1	9	2	7	3	6
6	7	1	4	3	5	8	2	9

PUZZLE # 0050-02030078

	7	9						6
			4		8		7	
3	4			2				5
		2		6		8		
7				9			1	4
	5		6		9			
4						3	8	

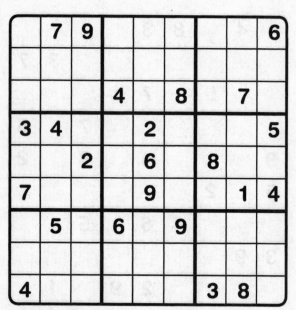

PUZZLE # 0050-02030081

●●●●●○
difficult

6	5	3	2	1	4	8	7	9
8	2	9	3	7	5	1	6	4
1	7	4	9	8	6	3	2	5
7	9	6	8	5	3	4	1	2
4	8	5	1	2	9	6	3	7
2	3	1	4	6	7	9	5	8
5	1	7	6	4	8	2	9	3
9	4	2	7	3	1	5	8	6
3	6	8	5	9	2	7	4	1

PUZZLE # 0050-02030079

			7	1		9		
		8					7	
	7		5					
4					9			2
2		5		3		4		1
9			2					6
					8		1	
	3					8		
		2		9	5			

PUZZLE # 0050-02030082

●●●●●○

difficult

7	4	9	8	3	6	1	2	5
6	1	8	2	5	4	9	3	7
2	3	5	9	7	1	4	6	8
4	8	3	5	1	2	7	9	6
9	6	1	3	4	7	8	5	2
5	7	2	6	9	8	3	4	1
1	2	7	4	6	3	5	8	9
3	9	6	1	8	5	2	7	4
8	5	4	7	2	9	6	1	3

PUZZLE # 0050-02030080

			7				8	2
		1	8				6	
	7							5
	9			4		8		3
8		5		9			2	
3							1	
	8				7	2		
6	2				3			

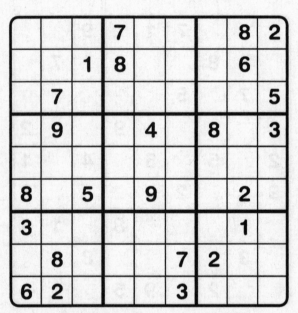

PUZZLE # 0050-02030083

●●●●●○

difficult

8	7	9	2	3	1	4	5	6
5	3	4	9	7	6	1	2	8
6	2	1	4	5	8	9	7	3
3	4	8	1	2	7	6	9	5
9	1	2	5	6	4	8	3	7
7	6	5	8	9	3	2	1	4
2	5	3	6	8	9	7	4	1
1	8	7	3	4	2	5	6	9
4	9	6	7	1	5	3	8	2

PUZZLE # 0050-02030081

	7	9	2				3	
		4						
1								9
		2	4		7			5
3				1				4
5			3		9	6		
2								6
						2		
	1				3	5	9	

PUZZLE # 0050-02030084

●●●●●○

difficult

6	5	4	7	1	3	9	2	8
3	2	8	9	6	4	1	7	5
1	7	9	5	8	2	6	4	3
4	1	3	6	5	9	7	8	2
2	6	5	8	3	7	4	9	1
9	8	7	2	4	1	5	3	6
5	9	6	3	7	8	2	1	4
7	3	1	4	2	6	8	5	9
8	4	2	1	9	5	3	6	7

PUZZLE # 0050-02030082

		2				5		4
8			4				9	
					5	2		
6	4		9				1	
				1				
	8				3		5	6
		5	8					
	2				7			9
3		9				7		

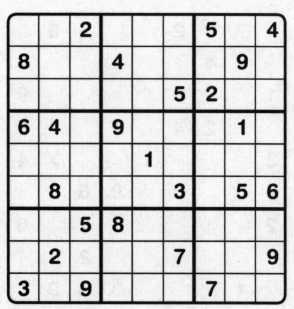

PUZZLE # 0050-02030085

●●●●●○
difficult

5	6	3	7	1	4	9	8	2
9	4	1	8	2	5	3	6	7
2	7	8	6	3	9	1	4	5
7	9	6	2	4	1	8	5	3
4	3	2	5	7	8	6	9	1
8	1	5	3	9	6	7	2	4
3	5	7	9	6	2	4	1	8
1	8	9	4	5	7	2	3	6
6	2	4	1	8	3	5	7	9

PUZZLE # 0050-0203008

			1				7	6
		7		4			3	
		8	6					
		1	5				4	
	6			8			2	
	7				1	5		
					7	4		
	8			3		1		
3	5				9			

PUZZLE # 0050-02030086

●●●●●○
difficult

6	7	9	2	4	5	8	3	1
8	5	4	9	3	1	7	6	2
1	2	3	6	7	8	4	5	9
9	8	2	4	6	7	3	1	5
3	6	7	5	1	2	9	8	4
5	4	1	3	8	9	6	2	7
2	3	5	8	9	4	1	7	6
7	9	8	1	5	6	2	4	3
4	1	6	7	2	3	5	9	8

PUZZLE # 0050-02030084

4	9				8			3
		5			9	7		2
					1		9	4
		7		2		1		
2	1		4					
5		6	3			8		
3			8				2	1

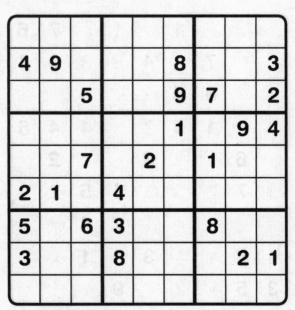

PUZZLE # 0050-02030087

●●●●●○
difficult

9	3	2	6	8	1	5	7	4
8	5	6	4	7	2	1	9	3
7	1	4	3	9	5	2	6	8
6	4	7	9	5	8	3	1	2
5	9	3	2	1	6	8	4	7
2	8	1	7	4	3	9	5	6
4	7	5	8	3	9	6	2	1
1	2	8	5	6	7	4	3	9
3	6	9	1	2	4	7	8	5

PUZZLE # 0050-0203008

					1			
					8	3		4
2		8				6		
	1			3		4		6
	8			4			5	
3		2		6			7	
		5				8		7
6		1	4					
			2					

PUZZLE # 0050-02030088

●●●●●○
difficult

2	4	3	1	5	8	9	7	6
6	1	7	9	4	2	8	3	5
5	9	8	6	7	3	2	1	4
8	3	1	5	2	6	7	4	9
9	6	5	7	8	4	3	2	1
4	7	2	3	9	1	5	6	8
1	2	9	8	6	7	4	5	3
7	8	6	4	3	5	1	9	2
3	5	4	2	1	9	6	8	7

PUZZLE # 0050-02030086

4			6		8			
7			5				9	
				4			3	
							8	9
	8			3			7	
6	1							
	3			9				
	2				7			1
			1		4			5

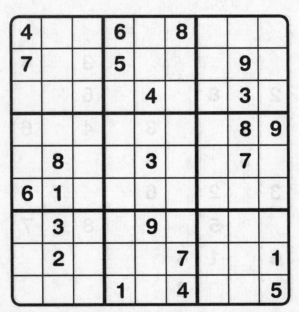

PUZZLE # 0050-02030089

●●●●●○
difficult

7	6	8	1	3	2	9	4	5
4	9	2	5	7	8	6	1	3
1	3	5	6	4	9	7	8	2
8	5	3	7	6	1	2	9	4
6	4	7	9	2	3	1	5	8
2	1	9	4	8	5	3	6	7
5	2	6	3	1	4	8	7	9
3	7	4	8	9	6	5	2	1
9	8	1	2	5	7	4	3	6

PUZZLE # 0050-020300

	1		8					3
	2		4					9
		6	2		7			
	8							
	6	3		1		8	2	
							1	
			1		8	4		
2					4		5	
5					3		9	

PUZZLE # 0050-02030090

●●●●●○
difficult

9	6	4	3	5	1	7	8	2
1	5	7	6	2	8	3	9	4
2	3	8	7	9	4	6	1	5
5	1	9	8	3	7	4	2	6
7	8	6	1	4	2	9	5	3
3	4	2	5	6	9	1	7	8
4	2	5	9	1	3	8	6	7
6	7	1	4	8	5	2	3	9
8	9	3	2	7	6	5	4	1

PUZZLE # 0050-02030088

4				9				7
		5	8					
8	9		2					
	6					8		
	5			3			6	
		2					4	
					6		1	2
					7	3		
9				5				4

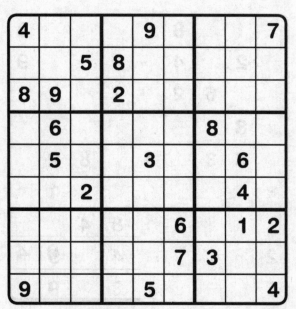

PUZZLE # 0050-02030091

●●●●●○

difficult

4	9	3	6	7	8	5	1	2
7	6	2	5	1	3	8	9	4
1	5	8	9	4	2	6	3	7
3	4	5	7	6	1	2	8	9
2	8	9	4	3	5	1	7	6
6	1	7	8	2	9	4	5	3
5	3	1	2	9	6	7	4	8
8	2	4	3	5	7	9	6	1
9	7	6	1	8	4	3	2	5

PUZZLE # 0050-020300

					8	1		6
3	1				6		7	
				9		2		
	7	8	6					
				1				
					7	4	1	
		9		2				
	8		7				9	4
4		1	5					

PUZZLE # 0050-02030092

●●●●●○

difficult

4	1	7	8	9	5	2	6	3
3	2	5	4	6	1	7	8	9
8	9	6	2	3	7	5	4	1
1	8	2	3	4	6	9	7	5
7	6	3	5	1	9	8	2	4
9	5	4	7	8	2	3	1	6
6	7	9	1	5	8	4	3	2
2	3	1	9	7	4	6	5	8
5	4	8	6	2	3	1	9	7

PUZZLE # 0050-02030090

7		6					4	
			9		8			
1				3				
	8				2	1		
		9		5		4		
		5	3				7	
				4				8
			1		6			
	4					2		6

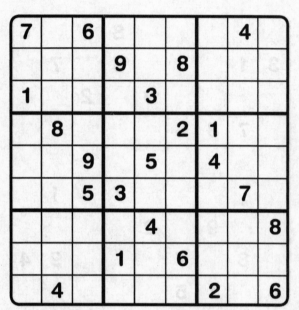

PUZZLE # 0050-02030093

●●●●●○

difficult

4	2	3	6	9	5	1	8	7
6	7	5	8	1	3	4	2	9
8	9	1	2	7	4	5	3	6
3	6	4	7	2	1	8	9	5
7	5	9	4	3	8	2	6	1
1	8	2	5	6	9	7	4	3
5	4	7	3	8	6	9	1	2
2	1	6	9	4	7	3	5	8
9	3	8	1	5	2	6	7	4

PUZZLE # 0050-0203009

5				2		1		
3	9		1					
			8			3		
						4		1
	3			9			8	
1		4						
		3			8			
					7		2	5
		8		1				9

PUZZLE # 0050-02030094

●●●●●○
difficult

9	2	5	4	7	8	1	3	6
3	1	4	2	5	6	8	7	9
8	6	7	1	9	3	2	4	5
1	7	8	6	4	2	9	5	3
2	4	3	9	1	5	6	8	7
5	9	6	3	8	7	4	1	2
7	5	9	8	2	4	3	6	1
6	8	2	7	3	1	5	9	4
4	3	1	5	6	9	7	2	8

PUZZLE # 0050-02030092

8							1	
					9	3		
9		5	6					
	1			3			7	2
				8				
4	2			6			8	
					3	7		8
		3	1					
	6							4

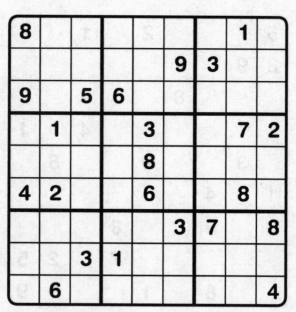

PUZZLE # 0050-02030095

●●●●●○

difficult

7	3	6	2	1	5	8	4	9
2	5	4	9	7	8	3	6	1
1	9	8	6	3	4	5	2	7
3	8	7	4	6	2	1	9	5
6	2	9	7	5	1	4	8	3
4	1	5	3	8	9	6	7	2
9	6	2	5	4	3	7	1	8
8	7	3	1	2	6	9	5	4
5	4	1	8	9	7	2	3	6

PUZZLE # 0050-02030093

6	5	7						2
3	2		6					5
			8		5	3		
	9			4			5	
		5	2		1			
4					9		1	6
1						4	8	3

PUZZLE # 0050-02030096

●●●●●○

difficult

5	8	7	3	2	9	1	4	6
3	9	2	1	4	6	5	7	8
4	1	6	8	7	5	3	9	2
8	2	9	7	6	3	4	5	1
6	3	5	4	9	1	2	8	7
1	7	4	5	8	2	9	6	3
2	6	3	9	5	8	7	1	4
9	4	1	6	3	7	8	2	5
7	5	8	2	1	4	6	3	9

PUZZLE # 0050-02030094

expert

	4							
8	1	3	4					
							4	9
		6	3		5		7	
		2		4		1		
	8		7		1	9		
2	3							
					2	5	9	8
							6	

PUZZLE # 0060-02030063

●●●●●●

expert

8	7	6	3	5	2	4	1	9
2	4	1	8	7	9	3	5	6
9	3	5	6	1	4	8	2	7
6	1	8	4	3	5	9	7	2
3	5	9	2	8	7	6	4	1
4	2	7	9	6	1	5	8	3
1	9	4	5	2	3	7	6	8
7	8	3	1	4	6	2	9	5
5	6	2	7	9	8	1	3	4

PUZZLE # 0050-02030095

	6			5	4	2		
	8							9
					8	5	6	
			9					
3	4			8			1	6
					1			
	9	3	5					
4							9	
		1	7	6			2	

PUZZLE # 0060-02030064

●●●●●●

expert

6	5	7	9	1	3	8	4	2
3	2	4	6	7	8	1	9	5
9	8	1	4	5	2	6	3	7
2	1	6	8	9	5	3	7	4
8	9	3	7	4	6	2	5	1
7	4	5	2	3	1	9	6	8
5	3	8	1	6	4	7	2	9
4	7	2	3	8	9	5	1	6
1	6	9	5	2	7	4	8	3

PUZZLE # 0050-02030096

	8		2			3		
1			3	5				
		5					9	
	3	6						
	2			1			3	
						9	6	
	4					8		
				9	7			3
		8			6		5	

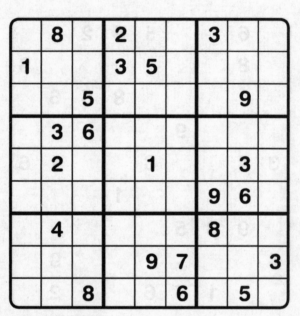

PUZZLE # 0060-02030065

●●●●●●
expert

6	4	9	2	5	8	7	3	1
8	1	3	4	9	7	6	2	5
7	2	5	6	1	3	8	4	9
1	9	6	3	8	5	2	7	4
5	7	2	9	4	6	1	8	3
3	8	4	7	2	1	9	5	6
2	3	8	5	6	9	4	1	7
4	6	7	1	3	2	5	9	8
9	5	1	8	7	4	3	6	2

PUZZLE # 0060-02030063

	6	1			2		8	
						3		1
5		9			3	4		
	8		3					
				4				
					6		3	
		4	1			5		3
9		7						
	3		9			1	6	

PUZZLE # 0060-02030066

●●●●●●
expert

7	6	9	3	5	4	2	8	1
1	8	5	6	2	7	4	3	9
2	3	4	1	9	8	5	6	7
5	1	8	9	3	6	7	4	2
3	4	7	2	8	5	9	1	6
9	2	6	4	7	1	8	5	3
6	9	3	5	4	2	1	7	8
4	7	2	8	1	3	6	9	5
8	5	1	7	6	9	3	2	4

PUZZLE # 0060-02030064

		6						9
	3			5		2		
1	5				3		7	
					2	3	4	
				6				
	7	9	5					
	2		7				1	5
		5		2			9	
4						6		

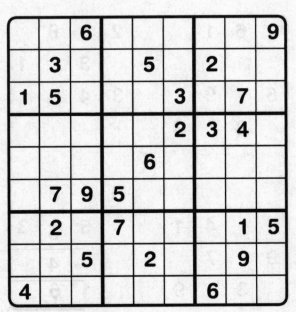

PUZZLE # 0060-02030067

●●●●●●
expert

4	8	7	2	6	9	3	1	5
1	9	2	3	5	8	6	4	7
3	6	5	1	7	4	2	9	8
7	3	6	9	4	2	5	8	1
8	2	9	6	1	5	7	3	4
5	1	4	7	8	3	9	6	2
9	4	3	5	2	1	8	7	6
6	5	1	8	9	7	4	2	3
2	7	8	4	3	6	1	5	9

PUZZLE # 0060-02030068

	5		9	7				
	7			2				
	3				5	6	9	
8	4							5
				4				
2							3	1
	2	6	3				5	
				5			4	
				1	6		7	

PUZZLE # 0060-02030068

●●●●●●

expert

3	6	1	4	7	2	9	8	5
2	4	8	5	6	9	3	7	1
5	7	9	8	1	3	4	2	6
4	8	6	3	9	1	7	5	2
7	5	3	2	4	8	6	1	9
1	9	2	7	5	6	8	3	4
6	2	4	1	8	7	5	9	3
9	1	7	6	3	5	2	4	8
8	3	5	9	2	4	1	6	7

PUZZLE # 0060-02030066

	7	2	1					
	1					4		
			5	2		9		
4							5	6
		9				2		
7	8							3
		1		3	9			
		7					2	
					1	3	8	

PUZZLE # 0060-02030069

●●●●●●
expert

7	8	6	2	1	4	5	3	9
9	3	4	8	5	7	2	6	1
1	5	2	6	9	3	8	7	4
5	6	1	9	7	2	3	4	8
2	4	8	3	6	1	9	5	7
3	7	9	5	4	8	1	2	6
6	2	3	7	8	9	4	1	5
8	1	5	4	2	6	7	9	3
4	9	7	1	3	5	6	8	2

PUZZLE # 0060-0203006

	1		9		6			
		2	4			3		
	5		3			8		
							5	
		3		2		1		
	7							
		4			7		9	
		8			3	7		
			2		8		6	

PUZZLE # 0060-02030070

●●●●●●
expert

6	5	4	9	7	1	8	2	3
9	7	8	6	2	3	5	1	4
1	3	2	4	8	5	6	9	7
8	4	1	7	3	2	9	6	5
5	6	3	1	4	9	7	8	2
2	9	7	5	6	8	4	3	1
7	2	6	3	9	4	1	5	8
3	1	9	8	5	7	2	4	6
4	8	5	2	1	6	3	7	9

PUZZLE # 0060-02030068

3						9	6	
		5			2		1	
	9		1					8
	2			4				
			5	3	8			
				7			3	
7					5		8	
	6		4			7		
	1	9						4

PUZZLE # 0060-02030071

●●●●●●

expert

9	7	2	1	6	4	5	3	8
5	1	8	7	9	3	4	6	2
6	3	4	5	2	8	9	1	7
4	2	3	9	1	7	8	5	6
1	5	9	3	8	6	2	7	4
7	8	6	4	5	2	1	9	3
8	6	1	2	3	9	7	4	5
3	9	7	8	4	5	6	2	1
2	4	5	6	7	1	3	8	9

PUZZLE # 0060-020300

		6	8					4
8		3						7
				7	4			
					7		9	5
	1			8			4	
6	5		9					
			4	1				
9						4		8
7					2	1		

PUZZLE # 0060-02030072

●●●●●●
expert

3	1	7	9	8	6	4	2	5
8	6	2	4	5	1	3	7	9
4	5	9	3	7	2	8	1	6
1	8	6	7	3	4	9	5	2
9	4	3	6	2	5	1	8	7
2	7	5	8	1	9	6	3	4
5	3	4	1	6	7	2	9	8
6	2	8	5	9	3	7	4	1
7	9	1	2	4	8	5	6	3

PUZZLE # 0060-02030070

						4		
					8	3	2	5
6			1			8		
		9			6		5	
3				1				2
	1		4			7		
		1			2			6
7	4	5	3					
		2						

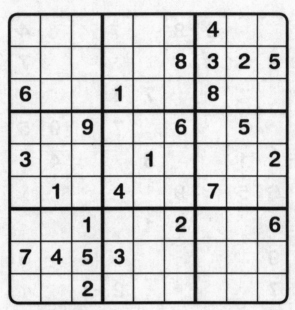

PUZZLE # 0060-02030073

●●●●●●
expert

3	8	1	7	5	4	9	6	2
6	4	5	8	9	2	3	1	7
2	9	7	1	6	3	5	4	8
1	2	3	9	4	6	8	7	5
4	7	6	5	3	8	2	9	1
9	5	8	2	7	1	4	3	6
7	3	4	6	2	5	1	8	9
8	6	2	4	1	9	7	5	3
5	1	9	3	8	7	6	2	4

PUZZLE # 0060-020300

					7	4	6	
		3	6					
	5	2						
7			5					8
			9	7	8			
2					1			9
						6	2	
					4	8		
	6	9	1					

PUZZLE # 0060-02030074

●●●●●●
expert

1	7	6	8	3	9	5	2	4
8	4	3	2	5	1	9	6	7
5	9	2	6	7	4	3	8	1
4	3	8	1	2	7	6	9	5
2	1	9	5	8	6	7	4	3
6	5	7	9	4	3	8	1	2
3	6	5	4	1	8	2	7	9
9	2	1	7	6	5	4	3	8
7	8	4	3	9	2	1	5	6

PUZZLE # 0060-02030072

6							1	
					5		9	
		9	2	7			8	
2		7	1					
	8			3			7	
					2	1		6
	1			2	7	5		
	6		3					
	4							9

PUZZLE # 0060-02030075

●●●●●●
expert

5	8	7	2	9	3	4	6	1
1	9	4	6	7	8	3	2	5
6	2	3	1	5	4	8	9	7
4	7	9	8	2	6	1	5	3
3	5	8	9	1	7	6	4	2
2	1	6	4	3	5	7	8	9
8	3	1	5	4	2	9	7	6
7	4	5	3	6	9	2	1	8
9	6	2	7	8	1	5	3	4

PUZZLE # 0060-0203007

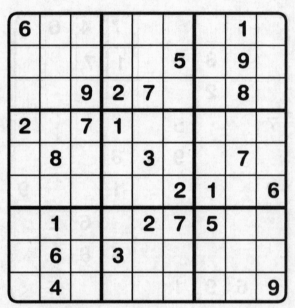

6			8	7				
		4			1	7		
3		8						
9		6	4				1	
				3				
	2				5	3		6
						6		2
		1	3			5		
				5	4			3

PUZZLE # 0060-02030076

●●●●●●
expert

9	1	8	2	5	7	4	6	3
4	7	3	6	1	9	5	8	2
6	5	2	8	4	3	9	1	7
7	9	4	5	2	6	1	3	8
1	3	5	9	7	8	2	4	6
2	8	6	4	3	1	7	5	9
8	4	7	3	9	5	6	2	1
3	2	1	7	6	4	8	9	5
5	6	9	1	8	2	3	7	4

PUZZLE # 0060-02030074

		4						1
7	8		5				6	
		6	4			9		5
					1			
		5		9		2		
			6					
2		7			6	5		
	6				3		7	4
5						8		

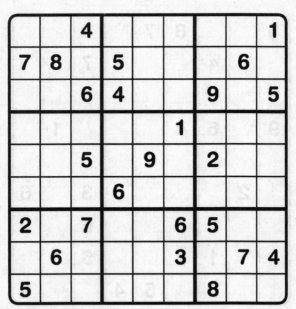

PUZZLE # 0060-02030077

●●●●●●

expert

6	7	8	9	4	3	2	1	5
3	2	1	8	6	5	4	9	7
4	5	9	2	7	1	6	8	3
2	3	7	1	9	6	8	5	4
1	8	6	5	3	4	9	7	2
5	9	4	7	8	2	1	3	6
9	1	3	4	2	7	5	6	8
8	6	2	3	5	9	7	4	1
7	4	5	6	1	8	3	2	9

PUZZLE # 0060-0203007

	6	2	5					1
		8	2					
4		9		8				
	3			1				
8								7
				3			9	
				4		3		2
					1	4		
9					7	6	8	

PUZZLE # 0060-02030078

●●●●●●

expert

6	1	2	8	7	3	4	5	9
5	9	4	2	6	1	7	3	8
3	7	8	5	4	9	2	6	1
9	3	6	4	2	7	8	1	5
8	4	5	1	3	6	9	2	7
1	2	7	9	8	5	3	4	6
4	5	3	7	1	8	6	9	2
7	6	1	3	9	2	5	8	4
2	8	9	6	5	4	1	7	3

PUZZLE # 0060-02030076

8			4		3			
	2				6	8		
	6					4		9
	1			7		3		
				5				
		9		8			1	
1		4					2	
		6	7				9	
			1		8			6

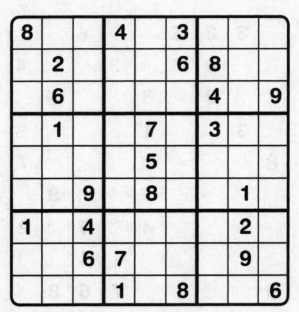

PUZZLE # 0060-02030079

●●●●●●

expert

9	5	4	8	6	2	7	3	1
7	8	3	5	1	9	4	6	2
1	2	6	4	3	7	9	8	5
3	9	2	7	4	1	6	5	8
6	1	5	3	9	8	2	4	7
4	7	8	6	2	5	3	1	9
2	4	7	1	8	6	5	9	3
8	6	9	2	5	3	1	7	4
5	3	1	9	7	4	8	2	6

PUZZLE # 0060-020300

			5			6		
2					3			4
	4	6					9	
	9	7		8				5
				2				
5				6		4	3	
	6					7	4	
3			9					1
		9			6			

PUZZLE # 0060-02030080

●●●●●●

expert

7	6	2	5	9	3	8	4	1
3	1	8	2	7	4	9	5	6
4	5	9	1	8	6	7	2	3
2	3	4	7	1	9	5	6	8
8	9	6	4	5	2	1	3	7
1	7	5	6	3	8	2	9	4
6	8	7	9	4	5	3	1	2
5	2	3	8	6	1	4	7	9
9	4	1	3	2	7	6	8	5

PUZZLE # 0060-02030078

1	4	5						
		7			1			
	9			7				
9			3				7	2
4				6				1
3	5				8			9
				4			9	
			5			7		
						1	3	8

PUZZLE # 0060-02030081

●●●●●●
expert

8	9	7	4	1	3	6	5	2
4	2	3	5	9	6	8	7	1
5	6	1	8	2	7	4	3	9
6	1	5	2	7	9	3	8	4
2	4	8	3	5	1	9	6	7
7	3	9	6	8	4	2	1	5
1	8	4	9	6	5	7	2	3
3	5	6	7	4	2	1	9	8
9	7	2	1	3	8	5	4	6

PUZZLE # 0060-02030079

3			8					
2						7	6	
		1			7	9		
9			1		3			
	1			7			4	
			2		6			9
		7	4			2		
	2	4						3
					5			1

PUZZLE # 0060-02030082

expert

9	3	8	5	4	7	6	1	2
2	5	1	6	9	3	8	7	4
7	4	6	8	1	2	5	9	3
6	9	7	3	8	4	1	2	5
4	1	3	7	2	5	9	8	6
5	8	2	1	6	9	4	3	7
8	6	5	2	3	1	7	4	9
3	7	4	9	5	8	2	6	1
1	2	9	4	7	6	3	5	8

PUZZLE # 0060-02030080

6		2					4	
			2	1				6
					7		8	
		9						2
	8	7		5		4	6	
3						7		
	3		8					
2				9	3			
	5					6		9

PUZZLE # 0060-02030083

expert

1	4	5	9	3	6	2	8	7
8	3	7	4	2	1	9	6	5
2	9	6	8	7	5	4	1	3
9	6	1	3	5	4	8	7	2
4	7	8	2	6	9	3	5	1
3	5	2	7	1	8	6	4	9
7	8	3	1	4	2	5	9	6
6	1	9	5	8	3	7	2	4
5	2	4	6	9	7	1	3	8

PUZZLE # 0060-02030081

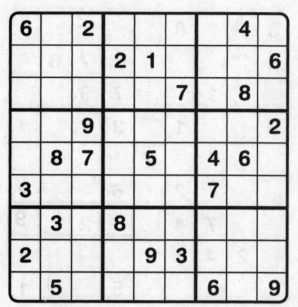

	8							
		7			5	1		
3					2	6		
6						2		7
			7	3	6			
1		3						5
		5	8					9
		1	2			3		
							4	

PUZZLE # 0060-02030084

●●●●●●
expert

3	7	6	8	9	2	1	5	4
2	5	9	3	1	4	7	6	8
4	8	1	5	6	7	9	3	2
9	4	8	1	5	3	6	2	7
6	1	2	9	7	8	3	4	5
7	3	5	2	4	6	8	1	9
5	9	7	4	3	1	2	8	6
1	2	4	6	8	9	5	7	3
8	6	3	7	2	5	4	9	1

PUZZLE # 0060-02030082

	7		8					1
				2	1			
						8	4	3
				9		2	7	4
				8				
4	9	1		3				
8	1	6						
			2	1				
9					7		3	

PUZZLE # 0060-02030085

●●●●●●
expert

6	1	2	5	8	9	3	4	7
8	7	3	2	1	4	9	5	6
5	9	4	3	6	7	2	8	1
4	6	9	7	3	8	5	1	2
1	8	7	9	5	2	4	6	3
3	2	5	1	4	6	7	9	8
9	3	6	8	7	5	1	2	4
2	4	1	6	9	3	8	7	5
7	5	8	4	2	1	6	3	9

PUZZLE # 0060-02030083

	2		5		1			
				7			2	
		4				1		6
		2					6	4
1				9				3
3	6					2		
8		9				6		
	5			2				
			1		6		9	

PUZZLE # 0060-02030086

●●●●●●
expert

5	8	2	6	4	1	9	7	3
9	6	7	3	8	5	1	2	4
3	1	4	9	7	2	6	5	8
6	4	9	5	1	8	2	3	7
2	5	8	7	3	6	4	9	1
1	7	3	4	2	9	8	6	5
4	2	5	8	6	3	7	1	9
7	9	1	2	5	4	3	8	6
8	3	6	1	9	7	5	4	2

PUZZLE # 0060-02030084

		9			7	5	3	
					6	2		
				9				7
	8					1	6	
		6		1		8		
	4	5					9	
9				6				
		7	8					
	5	3	2			7		

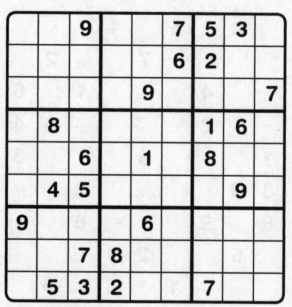

PUZZLE # 0060-02030087

●●●●●●

expert

3	7	9	8	6	4	5	2	1
5	4	8	3	2	1	9	6	7
1	6	2	5	7	9	8	4	3
6	8	3	1	9	5	2	7	4
2	5	7	4	8	6	3	1	9
4	9	1	7	3	2	6	8	5
8	1	6	9	4	3	7	5	2
7	3	5	2	1	8	4	9	6
9	2	4	6	5	7	1	3	8

PUZZLE # 0060-0203008

				2			9	
		7	6		3	4		
		6			5			3
						6		7
1				8				5
4		2						
5			1			9		
		8	9		2	7		
	9			3				

PUZZLE # 0060-02030088

●●●●●●

expert

9	2	3	5	6	1	8	4	7
6	8	1	3	7	4	9	2	5
5	7	4	2	8	9	1	3	6
7	9	2	8	1	3	5	6	4
1	4	5	6	9	2	7	8	3
3	6	8	7	4	5	2	1	9
8	1	9	4	3	7	6	5	2
4	5	6	9	2	8	3	7	1
2	3	7	1	5	6	4	9	8

PUZZLE # 0060-02030086

5		4		2		8		
								4
	6		8		4		3	
	1				7		4	
				1				
	2		3				9	
	3		1		2		6	
2								
		8		5		4		3

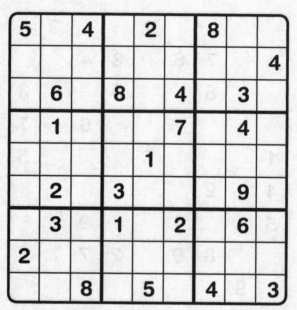

PUZZLE # 0060-02030089

●●●●●●

expert

8	6	9	4	2	7	5	3	1
5	7	1	3	8	6	2	4	9
2	3	4	1	9	5	6	8	7
7	8	2	9	3	4	1	6	5
3	9	6	5	1	2	8	7	4
1	4	5	6	7	8	3	9	2
9	2	8	7	6	1	4	5	3
4	1	7	8	5	3	9	2	6
6	5	3	2	4	9	7	1	8

PUZZLE # 0060-02030087

	7	2						
	3	8	4		2			
5							6	
2					6	3		
			2	7	9			
		1	5					6
	8							3
			6		4	2	7	
						8	9	

PUZZLE # 0060-02030090

●●●●●●
expert

3	5	4	7	2	8	1	9	6
9	8	7	6	1	3	4	5	2
2	1	6	4	9	5	8	7	3
8	3	5	2	4	9	6	1	7
1	6	9	3	8	7	2	4	5
4	7	2	5	6	1	3	8	9
5	2	3	1	7	4	9	6	8
6	4	8	9	5	2	7	3	1
7	9	1	8	3	6	5	2	4

PUZZLE # 0060-02030088

		1					4	2
4			1	3				
6		8			5		3	
	1							
			9	8	7			
							6	
	7		3			2		5
				2	8			6
3	5					9		

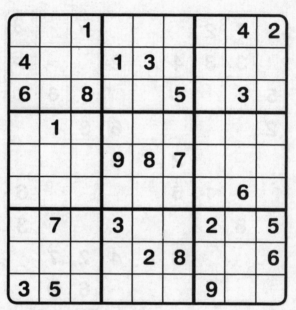

PUZZLE # 0060-02030091

●●●●●●

expert

5	7	4	6	2	3	8	1	9
3	8	2	5	9	1	6	7	4
9	6	1	8	7	4	5	3	2
8	1	9	2	6	7	3	4	5
6	5	3	4	1	9	2	8	7
4	2	7	3	8	5	1	9	6
7	3	5	1	4	2	9	6	8
2	4	6	9	3	8	7	5	1
1	9	8	7	5	6	4	2	3

PUZZLE # 0060-0203008

			6			7		3
			4				1	8
	4	8	9					
	6				9			
7				8				1
			2				9	
					2	6	5	
2	9				6			
4		6			7			

PUZZLE # 0060-02030092

●●●●●●

expert

6	7	2	1	9	5	4	3	8
1	3	8	4	6	2	9	5	7
5	4	9	7	3	8	1	6	2
2	5	7	8	1	6	3	4	9
3	6	4	2	7	9	5	8	1
8	9	1	5	4	3	7	2	6
4	8	5	9	2	7	6	1	3
9	1	3	6	8	4	2	7	5
7	2	6	3	5	1	8	9	4

PUZZLE # 0060-02030090

		5		6				
	3					2	9	
	7				2			5
2	5				3			9
				7				
7			1				2	3
6			9				7	
	4	3					5	
				1		4		

PUZZLE # 0060-02030093

●●●●●●

expert

5	3	1	8	7	9	6	4	2
4	2	7	1	3	6	5	9	8
6	9	8	2	4	5	1	3	7
7	1	4	6	5	3	8	2	9
2	6	3	9	8	7	4	5	1
9	8	5	4	1	2	7	6	3
8	7	6	3	9	4	2	1	5
1	4	9	5	2	8	3	7	6
3	5	2	7	6	1	9	8	4

PUZZLE # 0060-02030091

9	1	5	6	2	8	7	4	3
6	7	2	4	3	5	9	1	8
3	4	8	9	7	1	5	2	6
8	6	4	7	1	9	2	3	5
7	2	9	5	8	3	4	6	1
5	3	1	2	6	4	8	9	7
1	8	7	3	4	2	6	5	9
2	9	3	8	5	6	1	7	4
4	5	6	1	9	7	3	8	2

PUZZLE # 0060-02030092

8	2	5	7	6	9	1	3	4
4	3	6	5	8	1	2	9	7
9	7	1	4	3	2	8	6	5
2	5	8	6	4	3	7	1	9
3	1	9	2	7	5	6	4	8
7	6	4	1	9	8	5	2	3
6	8	2	9	5	4	3	7	1
1	4	3	8	2	7	9	5	6
5	9	7	3	1	6	4	8	2

PUZZLE # 0060-02030093

u Doku Addict, Volume 3

radyGAMES® Publishing
n Imprint of Pearson Education
00 E. 96th Street
rd Floor
dianapolis, Indiana 46240

BN: 0-7440-0670-8

ibrary of Congress Catalog No.: 2005936174

rinting Code: The rightmost double-digit number is the year of the book's printing; e rightmost single-digit number is the number of the book's printing. For example, 5-1 shows that the first printing of the book occurred in 2005.

8 07 06 05 4 3 2 1

anufactured in the United States of America.

radyGames Staff

ublisher
avid Waybright

icensing Manager
ike Degler

irector of Marketing
teve Escalante

ditor-in-Chief
. Leigh Davis

reative Director
obin Lasek

Credits

Development Editor
Rachel Wolfe

Cover Designer
Tim Amrhein

Production Designers
Carol Stamile
Areva
Cheryl Berry

Puzzle Compilation
Jamie Leece

radyGames Acknowledgements

hanks to Jamie Leece and Shawn Pucknell of Playatjoes.com.

BRADYGAMES
www.bradygames.com

layatJoes.com Acknowledgements

Memory of Min Franklin. Special thanks to Dorrie Leece.

Play at Joe's
www.playatjoes.com

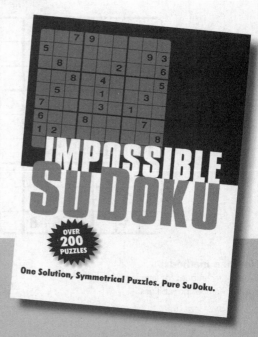

5			9	6	8		3	
			1				9	5
9	7	3						
3	9			2		6		1
				4				
1		6		3			2	4
						7	8	9
8	3				7			
	4		5	8	6			2

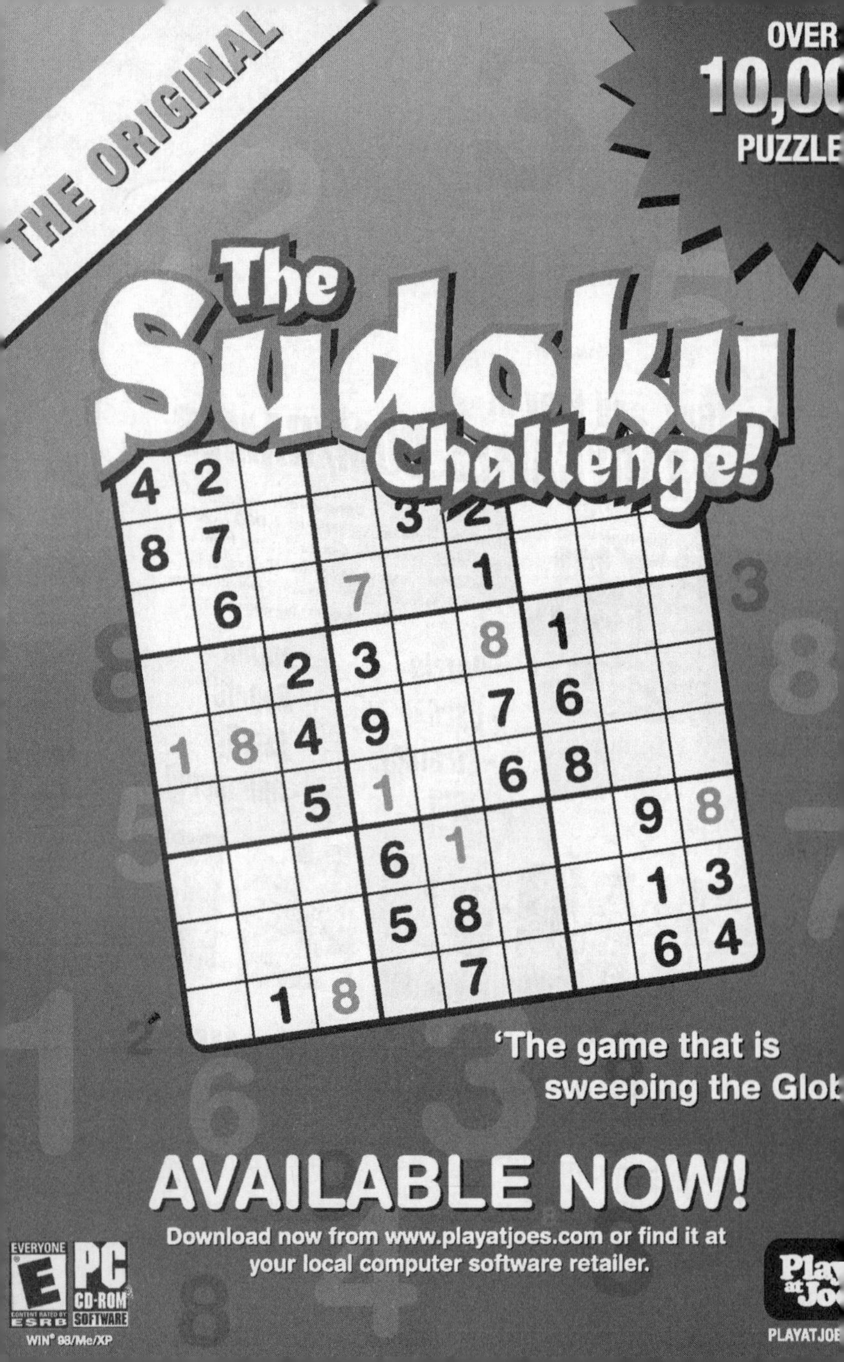
THE ORIGINAL
OVER
10,00
PUZZLE
The Sudoku Challenge!
'The game that is
sweeping the Glob
AVAILABLE NOW!
Download now from www.playatjoes.com or find it at
your local computer software retailer.
EVERYONE
PC
CD-ROM
SOFTWARE
WIN® 98/Me/XP
PLAYATJOE